Ⓢ新潮新書

先崎彰容
SENZAKI Akinaka

バッシング論

816

新潮社

まえがき――「マジメ」で「美しい」人々

筆者は、二〇一七年いっぱいを、明治維新の勉強に没頭することで過ごしました。西郷隆盛と福澤諭吉という、明治初期を代表する二大巨人にかかわる著作を読み、自分なりの考えを書く作業に埋もれていたのです。

もちろん、理由の一端は、二〇一八年が「明治維新一五〇年」の節目にあたるからで、維新ブームにあわせて改めて日本の近代化過程の見直しを、多くの人に訴えるためでした。でも、来る日も来る日も明治一〇年前後の文献を読む作業は、そう楽なものではありません。冗談で友人に「今年いっぱいは、明治時代に留学している」といったときには、それなりの実感がこもっていました。

では、一年間の「留学」を経たうえで、久しぶりに眺める平成最後の日本は、どんな姿をしていたか。筆者の眼には、維新の激動とはずいぶんちがう、猥雑で萎縮した光景が飛び込んできました。

たとえば、長期化する安倍政権を批判するために、財務省トップを含めた官僚・政治家の不祥事の告発と引きずり降しが、連日、紙面をにぎわしていました。その報道姿勢は、この間に報道された芸能人の不倫問題とまったく同じレベルのものでした。

人間関係における性的側面は、人間の興味をかきたてます。無意識のうちに、のぞき込みたくなる衝動を抑えるのは難しい。ただ紙面の内容自体はとても陳腐で、不祥事を取りあげ、当事者の倫理的、道徳的堕落を糾弾するだけのものにすぎません。悪いイメージをさらに煽る写真を掲載し、「良くない奴」にたいして、それを正しい側が裁くというきわめて単純な構図があるばかりです。

大学の新年度が始まり、電車内にも社会人一年目の初々しい姿が眩しい二〇一八年四月中旬、この一連の「御上叩き」を見つめながら思いだしたのは、この年二月にあった地方選挙のことでした。沖縄の名護市長選挙は、立憲民主党・共産党・社民党などの支持を受けた現職の稲嶺進氏と、自民党・公明党などが推す渡具知武豊氏がはげしい選挙戦をたたかい、結果、大方の予想をくつがえし新人が現職を破り当選を果たしました。首相自身も驚いた政府側の勝利の背景には、観光産業でわく沖縄全体から取り残され、政争に疲れはてた辺野古住民の思いがあったともいわれています。

筆者が覚えた違和感は、翌日の新聞報道ではありません。保守系の産經新聞が勝利を歓迎し、たいする朝日新聞や東京新聞が結果に疑問を呈するというお決まりの二項対立には、何の感慨もわきません。

一方で、勝利にたいする政府側の発言、とりわけ官房長官が「選挙は結果が全てであります。そして、相手候補は必死に埋め立て阻止を訴えたんじゃないでしょうか。住民のみなさんが選ぶ民主主義の原点がこの選挙であります」といったことに、筆者は違和感を覚えたのです。

なぜなら、もし、かつての政権与党であれば、「我々はたしかに勝利した。しかし僅差での勝利である以上、少数派の側の意見も十分にふまえて、今後前進していきたい」くらいのことを、いったのではないか。一国の政治を担う大物政治家の狭量さ、民主主義という言葉のつかい方に、疑いをもったのです。

これら四月におきた官僚の女性問題と、二月の沖縄をめぐる政権与党の発言から得られる「時代洞察」とは何か。御上を叩く方と叩かれる方、二つの出来事は何が共通しているのか。それは批判するマスコミ側と、批判される政府側双方の意見に、あまりにも

「余裕がない」ということです。

ものごとを判断する際に、「敵」と「味方」の二分化があまりにもはっきりしている。他者の意見を包容するだけの余裕を完全に欠いている。これはきわめて危機的な状況です。なぜ危険だと思うのか。理由は次のようなものです。

たとえば性的な不祥事に対して、興味関心から文字を追いかけている限り、筆者はそれを「健全」な態度だと考えます。仕事の合間に、画面上にその手の情報がでてくる。思わず見てしまう。こののぞき見精神（?）を持っている限り、人間として、ある種の余裕がある、つまりは本音と建て前の区別ができています。

ところが、ここまで強迫的に権威を引きずり降ろすことに憑《つ》かれ、また権力の側も相手の主張を認めるだけの精神的余裕を喪失すると、私たちは次第に「マジメ」になっていきます。官僚トップを追い詰めるために、彼が性的暴言を吐いたかどうか、その事実収集にのめり込み、本気でいったかいわないかをめぐって怒号が飛び交う。重箱の隅をつつくような些末な実証主義が毎日、ワイドショーばかりか新聞紙面とニュースの時間を占めてしまう。

ここから二つの恐るべき精神の荒廃が始まります。第一に、「そもそも、そんなことにこだわること自体が馬鹿げていないか。国政の中心課題として取りあげていて本当にいいのか」という当然の疑問、俯瞰する視点を社会全体が見失うこと。第二に、ダイの大人たちが、大騒ぎを「本気」でしているように見えたばあい、とりわけ若者たちのあいだに、何が起きる可能性があるのかを考えるべきだということ。

もし視聴者のなかに、事実の成否を連日放送されることで、「本気」で怒りと正義観に駆られる人がでてきたらどうでしょう。大人にたいする不信感は、思春期には強く働くものです。社会を正したい、浄化したいと思う人がでてくる可能性は十分にあります。

つまり今、わが国は異様なまでに本気な人、「マジメ」な人間たちで溢れている可能性が大きい。世間を敵と味方、善と悪（もちろん自分は善の側にいる）、勝利と敗北に二分し、相手を罵倒し、排除しようとする。そう思って眺めてみると、平成も終わりの日本を駆けめぐる情報は、とても「マジメ」で「美しい」日本を目指そうとするものばかりです。

健康食品が氾濫し、体内から異物を排除し純化しようとする態度それ自体が、どこか不健全で潔癖症気味です（「健康のためなら死んでもいい」という冗談もあります）。禁煙ファシズムという言葉が流行したのは、もうだいぶ前のことです。マスクをつける人が都会に溢れている様は、やはりどこかおかしいのであって、社会や肉体から違和を排除し、身体から国家にいたるまで、今、この国は「美しく」なることに、とてつもない努力を傾けています。

改めて平成の最終盤、日本にはこの種の善意が溢れているように思えてなりません。安倍首相が目指したのは、そういえば「美しい日本」でした。先に挙げた健康食品だけではありません。さらに天皇家もまた、余りにも清潔であることを、美しい家族像を国民から期待されている。トランプ米大統領は、少しでも意見がちがうと、一方的に罵声と威嚇をネット上に書き込んで、就任以来、次々と幹部を辞めさせる。その影響からでしょうか、日本国内の知識人も、親米・反米で意見を二極分裂させているし、新聞は、首相への否定・肯定できれいに日本を色分けしている――。

どうしてこういう社会になってしまったのか。謝罪と反省に明け暮れ、異様に「美しい」社会をつくろうとしているのか。敵をつくりバッシングばかりしているのか。

あらかじめ、結論をいいます。それは現在の日本社会から「辞書的基底」が失われているから、というのが筆者のだした結論です。この用語については、追々、本文のなかで説明していきます。このキーワードをもとに、日本社会で起きている複数の現象を斬ってみようというのが、本書の目論見です。

筆者は、政治的左右での政権擁護も、また政権批判もおこなうつもりはありません。そういう二項対立で世間を解説する論客に、辟易《へきえき》しているのです。

以下、全八章で取りあげる問題は、世間への「手触《てざわ》り」だけを頼りに、違和感を覚えたものを論じていきます。一つひとつの病理を指摘することで見えてくるのは、「辞書的基底」の喪失という、日本を蝕む根源的な病です。病を治すには、まずもってその原因を探りださねばなりません。そのために、明治から戦前の日本思想を総動員し、時代を立体的に見てみたいと思います。

バッシング論――目次

一　「善意」がテロを呼ぶ――バッシング論

過熱するバッシングへの危惧

二〇一八年春、新聞紙面やニュースは、もっぱら財務官僚トップの不祥事で埋められていました。ことの発端は、『週刊新潮』（四月一九日号）が、財務省の福田淳一事務次官が酒宴の席で一対一で会食していた女性記者にたいし、性的な発言をくり返した「証拠」が、音声データをふくめて存在すると報道したことにはじまります。

もちろん、この行為自体は、事務次官という彼の立場を考慮すると、異論をはさむ余地のない下世話なものでした。また仮に、一対一の男女関係として考えたとしても、彼の行動には違和感を覚えます。

なぜなら相手に好意をもったばあい、異性にたいし自分の思いを伝えるには、雰囲気とそれなりの「技術」が必要だからです。デートの前に服装に気を配る、話すときにいつもより少し声色を変える、気の利いたレストランを予約して、誕生日のサプライズとして花束を用意しておく——異性との距離感の詰め方は「文化」であり、はるか以前の日本人なら、和歌のやり取りで互いの思いを確認しあっていたのです。

こうした技術を一切すっ飛ばして、「抱きしめていい?」「エロくないね、洋服」などの発言に終始した官僚トップは、およそ異性との交渉力をもたないだけでも十分に失格といえるでしょう。自己の感情を直接相手にぶつけた結果、一方的好意は相手にとって嫌悪しかもたらさなかった。被害者の女性だけではありません。私たちが溜息をつきつつも報道に釘づけになったのは、財務次官その人に決定的に清潔感が欠けていたからです。週刊誌がわざと下品なイメージを喚起する写真を選んだ可能性もありますが、技術なき下品な性的要求は、私たちに生理的拒否反応を引き起こし、「汚らしさ」を感じさせました。その後の新聞各紙は、事務次官の醜態と更迭を伝え、野党は一斉に麻生財務大臣と安倍首相の辞任要求をつきつけました。その後も省庁批判はつづき、二〇一九年初頭にも統計不正をめぐって、厚生労働省の官僚がやり玉に挙げられています。まさに日本の権力中枢は、「汚らわしいもの」として報道されていたのです。

もちろん、この官僚批判にたいし、野党と同じ気分で批判を強めることもできるでしょう。反対に「また官僚バッシングか」と溜息をついて、御上批判もほどほどにせよ、とうんざりする立場もあり得ます。

しかし連日のスキャンダル報道の過熱ぶりを見たとき、筆者を襲ったのは、こうした批判と擁護の二項対立とはまったく違う危惧でした。簡単にいえば、問題はもっと深刻だと直感したのです。頭をよぎった重たい不安こそ、テロリズムという問題でした。

なぜ官僚の不祥事が、筆者にテロリズムなどという言葉をとつぜん想起させたのか。その事情を説明するには、一見、今回の事件とは無関係にみえる二つの事例を経由しておく必要があります。

絶叫と侮辱発言の同質性

話は二〇一七年末に遡ります。筆者はある若手ジャーナリストに呼ばれて、政治討論番組に出演しました。この年一〇月におこなわれた衆議院議員選挙は、野党が直前に分裂し足並みが乱れたこともあり、自民党が圧勝。事実上、安倍政権は国民の信任を得たかたちとなり、長期政権を打倒する突破口を見いだしにくい状態に、野党もマスコミも苛立ちを募らせていました。選挙では、どうにも安倍政権を覆すことができない。そこで「民主主義」それ自体を問い直すべきだ、というのが番組後半の趣旨でした。

むろん、民主主義とは何かについて議論を深めるのは、とても大事なことです。その際に、番組は拙著『違和感の正体』（二〇一六年）からデモと民主主義にかかわる部分を引用し、丁寧にフリップにしたうえで議論を進めてくれました。

筆者はその本のなかで、明確に、安保法制反対や原発反対のデモ運動にたいし批判的な立場をとると主張しました。とりわけ国会前で行われたデモにおいて、政治学者の山口二郎氏が「安倍に言いたい。お前は人間じゃない！　たたき斬ってやる！」と発言したことを、厳しく指弾しました。この点にかんして、司会のジャーナリストから、二つの「事実」を指摘されました。

第一に、安倍首相にたいして罵詈雑言を投げつけたのは確かによくないことである。しかし、一方で世間ではネット右翼と呼ばれる急進的な連中がヘイトスピーチを行ない、差別意識を煽っているではないか。先崎はこの種のデモをどう思うのか。筆者の答えは、彼らがネットで拡散される「情報」に翻弄されている。だからよくないというものでした。第二章「情報化社会論」で詳しく論じますが、私たちは夥《おびただ》しい情報からなるイメージに左右され、本物の現実に触れにくくなっている。その典型がネット右翼のデモ活動なのです。

第二に、そのジャーナリストが山口氏に後で話を聞いてみると、氏は「悪気は全くなかった。周囲の昂奮した雰囲気に気分が高揚し、思わず正義の味方として発言をしてしまった」のが事実らしいということ。要するに、悪意はなかったのだからもう少し大目に見てあげてくださいね、という和やかな発言があったのです。

楽屋でお茶を飲みながら、この「事実」を聞かされた時、筆者はわが耳を疑いました。なぜなら、友人でもあるこのジャーナリストに、筆者の批判の真意が一切伝わっていないことが分かったからです。一友人がこちらの発言趣旨を理解できないのは問題ない。しかし日本を代表するマスコミ人が、もし時代を見誤っていたらどうか。時代の先端を読み、次に起こりうる事態に警鐘を鳴らすことこそマスコミの役割だとすれば、彼は決定的に時代を誤診しているのではないか。少なくとも筆者とは時代診察が違う以上、筆者からみて彼はあきらかに時代を読み切れないでいる――。

ここまで危惧を深めたのは、もう一つの事件が頭をよぎったからです。それは二〇一〇年、当時官房長官の立場にあった民主党の仙谷由人氏が「自衛隊は暴力装置」だと発言し、物議をかもした事件のことでした。暴力装置という言葉の由来もいろいろいわれましたが、要は、自衛隊を侮辱する発言をしたという事実です。つまりデモに参加した大学教授の絶叫と、民主党政権時代のトップの発言が、筆者から見たばあい、同じ過ちをおかしているように見えたのです。

ではいったい、何が同じだというのか。また同じであることを指摘することが、先の財務省トップの一連の不祥事報道とどうかかわるというのでしょうか。

権力への緊張感の喪失

それは次のような事態です。日本政治のトップに近い官房長官が、自衛隊を侮辱したことは何を意味するか。自衛隊が実質的に唯一の、わが国における武力を手中に収めた集団であるとすれば、忠誠を誓うはずの権力者の側から侮辱された事実は、即刻、武力の政権からの離脱を想定しなければなりません。

いうまでもなく、暴力を手中に収めた集団が日常では平穏を保ち、国民はもちろん政権にたいしても力を行使しないのは、ひとえに時の権力から与えられたプライドと、その自負心に担保された「忠誠心」以外にあり得ません。当たり前のように考えている暴力の鎮静状態は、実は、この権力者と武力保持集団との間の精神的紐帯によって守られているだけなのです。

この薄氷に乗るような均衡が崩れる様を、私たちは容易に実見することができます。治安状態が悪化した諸外国で、政権が軍隊を掌握できない事態がおこる。すると反乱軍と政府側の武力（たとえば残余の軍隊や警察権力）が対峙し、もし反乱軍が優勢となったばあい、雪崩をうって警察権力までも寝返ってしまう。それを国民が支持すれば現政府は「賊」に成り下がる。つまり、同じ集団が「反乱軍」から「正規軍」と名を変え、軍事政権が今度は新政府として軍事力と民心を掌握してしまうわけです。

同一集団のイメージが、状況次第で反転することに注意してください。明治維新の際に、あれほどまでに幕府軍と、薩長を中心とする連合軍が「天皇」の争奪戦を繰り広げたのも、論理構造は同じです。天皇を手中に収めることで、自らの軍隊が正規軍であることを、賊軍ではなく、「官軍」であると証明するためだったのです。

もし、平成の官軍であった民主党から自衛隊の忠誠心が離反し、当初は賊軍のようになった自衛隊員が、違う権力者を押し立てて新政府樹立を宣言し、「反乱の大義名分は民主党政治家らの腐敗一掃にあり」といったならば、賊軍は官軍になり得た可能性もあった。このまさしく「梯子《はしご》を外される」状況こそがクーデターであり、私たちがテレビ画面の向こうの諸外国に見ている光景なのです。

だとすれば、仙石氏の発言は単なる失言といった程度で済まされる話ではなかった。一瞬でも気を抜けば、自衛隊もまた暴発する可能性があるのだということ、その暴力の頂点に君臨し、忠誠心を与え、コントロール下におくことこそ、文民統制最大の関心事なのだということを忘れていたことが問題だった。日本国の中枢にいる政治家が、この緊張感を喪失していた「事実」こそが、最も憂慮すべきことなのです。「政治家としての資質」とはよく聞く言葉ですが、自らが手にしている権力への緊張感の喪失は、資質の欠如に直結していると思えてなりません。

現政府の正統性は、状況次第で変わりうる。眼の前にある政府は、軍隊の行動如何《いかん》では賊となり、壊滅させられるかもしれない。そしてふつう、政府が定める基準が人びとの行動を支える最終根拠である以上、基準や根拠といったものもすぐさま壊れうるもの、実は不安定なものであることが露呈してしまうわけです。

これは、冒頭でふれた「辞書的基底」を喪失した典型的事例だといえます。さらにいい例が恐慌です。原価数十円にすぎない紙幣が「一万円」の価値をもつのは、日本銀行が発券しているからです。これが「通常」の状態。ところが、人びとを不安が支配すると信用は失墜し、取り付け騒ぎが起こる。これが「辞書的基底」の底がぬけた状態です。政府が軍事力を支配下におき、安定性を確保しているからこそ、紙幣も「通常」どおりつかえるのです。

そして先ほどの山口氏の発言もまた、同じ危険性を孕んでいることに気づきます。なぜなら国立大学名誉教授という社会的地位にある人間が、人目もはばからず公の場で、一国の首相の殺害云々を口にしたばあい、もし「マジメ」な若者がそれを鵜呑《うの》みにすれば、暴力が露わになる瞬間があるかもしれない。ネット上で批判の書きこみをしている人とは立場と重みがちがうのです。

たとえ山口氏が「思わず正義の味方として発言をしてしまった」のだとしても、それこそが問題なことになぜ気づかないのか。正直者が、それゆえに周囲の熱気にほだされやすく、つい暴言を吐いてしまった。でも、個人として正直者であることと、「公的」な立場にあって発する言葉の力、存在の重みと影響力はまったく別ものです。筆者に「彼も悪気はなかったそうだよ」と教えてくれたジャーナリストもまた同じように、彼を一個人として評価して何ら問題を感じていないのです。

彼らに共通しているのは、無邪気なまでのヒューマニズムではないですか。人間の善意を信じ、政治の世界にまで個人の性格の善悪を滑り込ませ（まさしく公私混同）、評価基準にしてくださいといっている。事態が自分にとって不利になると、「善意」のなかに立て籠《こ》もり、自分の誠実さを差しだして失言をやり過ごそうとする。「悪気はなかった」「つい気分が高揚して」——彼らと、財務省トップのセクハラ発言とその後の身の処し方とのあいだに、いったいどんな違いがあるのでしょうか。

政治思想史家の丸山眞男は、本来、政治とは人間の諸活動のうち公と私を厳しく峻別したうえで、公の世界での活動にかかわるものを指す行為だといいました。古くは古代ギリシアにおいて、経済活動は「家政」と呼ばれ、私的な事柄と見なされ、奴隷も使用することでおこなわれる低い行為とみなされていた。他方その代償として、社会全体をどう切り盛りしていくかにかかわる時間をもつことができる者が生まれ、彼らだけが公的活動に従事した。それを「政治」と呼び、特別な行為として一段高く位置づけたのです。

だとすれば、自らがマスコミの常連であり、一定の公的権力を手中に収めていることを山口氏は自覚していなければならなかった。だが、それができなかった。いわば無自覚に手中の権力を振りまわしてしまったのです。

もし、「マジメ」な青年が彼の言葉に敬意をもって聞き入り、社会を評価する際の「ものさし」と考え、世間を眺めたとすればどうなるか。そこには、汚辱にまみれた政治家たちが、右往左往している光景があるではないか。政治家にたいし、口にするのも恐ろしい決意を抱いてしまう可能性を、誰が否定できるでしょう。「たたき斬ってやる！」べきだと、他ならぬ山口氏自身が絶叫しているのですから。

財務省事務次官にたいする性をめぐる批判は、その「不潔さ」のイメージによって、最も「マジメ」な人を刺激しやすい。そして官僚や政治家という国を動かす人々への権力の引きずり降ろしは、社会全体から信用を奪い、「辞書的基底」を破壊してしまうのです。

「真」「善」「美」に憧れたテロリスト

これは何も、筆者だけが思い詰めて思考実験をしているわけではありません。残念ながら日本思想史上に複数の「先例」があるからこそ、警告を発しているのです。一例として、大正時代におきたテロ事件をいくつか見ておきましょう。

まずは安田善次郎暗殺事件です。現在、東京大学を象徴する時計台を「安田講堂」と呼ぶのは、安田氏が時計台を寄付したことによるものです。その安田氏を、朝日平吾という青年が暗殺した事件です。

明治二三（一八九〇）年に佐賀県に生まれた朝日の生涯を一言でいいあらわせば、当時の社会から次第に阻害されてゆく過程だともいえます。成功をもとめてもがけばもがくほど社会は彼をはじきだし、彼の社会憎悪は深まっていった。一三歳で母親に先立たれた後、長崎の鎮西学院に入学。その後軍隊に入り、青島戦に参戦、復員後は早稲田大学、日本大学に入学します。しかし物事に飽きやすい性格も災いしてか、大正五（一九一六）年、朝日は朝鮮・満州を放浪するいわゆる大陸浪人となっていました。

やがて内地にもどった朝日は、当時の日本社会を、格差が広がり、恵まれない者と財閥とに分裂した汚辱にまみれた国だとみなし、国家改造運動に乗りだします。その具体化が、一種の下層労働者救済施設「労働ホテル」の建設計画でした。資金調達のために財閥の巨頭・安田善次郎との接触を強引に試みたあげく、資金提供を拒絶され、その場で凶行におよんでしまったのです。

彼の起こした行動は、その直後に一八歳の青年・中岡艮一《こんいち》による平民宰相・原敬暗殺のひき金を引いたことからも、いかに影響力絶大であったかがわかるでしょう。思想史を専門とする筆者が特に注目したいのは、朝日の斬奸状にしばしば見られる特徴が、同時期のテロリストたちに共通する精神構造だということです。

朝日の斬奸状「死の叫び声」には、次のような論理が記されています。日本臣民は天皇の赤子《せきし》である。である以上、臣民のすべての者が安堵した生活をおくれないならば、それは朕（天皇）の罪である。これは歴代天皇の、そして今上天皇の奉じる精神であり「一視同仁ハ実ニワガ神国ノ大精神」のはずである——。

この何気ない文章のうちに、多くのヒントが隠されています。朝日は「臣民」の名において、天皇のもとで暮らす平等な日本人の一人として自らを位置づけ、安心を得ようとしています。天皇のもとで日本人としての資格をもつことは、自分も平等な立場で幸福と栄光を手に入れる当然の「権利」があることを意味する、そう朝日は考えたのです。

実は、このような天皇と臣民の関係は、近代日本思想では最初期からの伝統でもあります。たとえば自由民権運動の指導者として名高い板垣退助は、戊辰戦争を戦った際の印象を次のように述べます。

——戊辰戦争で会津城がいよいよ落城という際、農民たちは今こそ数百年の藩恩に報いるべきときだといって、城中に必死に兵糧を運び入れ奉公を尽くした。これからはすべての国民がどんな身分であれ、会津の百姓のようにならねばならない。自分が民権伸張と立憲主義を掲げるのはこの目的のためなのだ。それは万民を一視同仁、天皇の赤子とみなし、百姓を武士のようにすることをいうのである――。

ここで、坂垣が民権伸張を天皇と赤子の関係から説いていることに注目してください。戦後生まれの私たちからすれば、「民権」や「立憲主義」と「臣民」が同居するのは異様に思えるかもしれませんが、板垣は本気でした。つまり、百姓も武士も国民となるためには、天皇をテコにした民主主義的な政治体制が必要だといっている。大正期の朝日平吾の自己主張は、板垣の系譜を継ぐものであるともいえるわけです。

しかし、これまた当然のことながら、朝日のおかれた状況は理想とはほど遠いのであって、自分にたいする不甲斐なさは世間への憎悪、つまり世間こそ悪であり汚れているのだと思ったに違いありません。仮に世間が平穏無事で平和であったとしても、彼のような人間にとっては、苛立ちを増幅させる場所にすぎなかった。なぜなら平穏無事とは、社会的流動性が欠如し、今日も明日も変わらない状態のことを指すのであって、朝日には天皇の下での平等にあずかれる日は永遠に来ないからです。

閉塞した社会を「平等」にしたい。そのための発想はあるが、実現するだけの金がない。だとすれば、現状を変える術は攪乱（テロリズム）しかないではないか。天皇の下ですべての者が居場所をあたえられる「美しい」社会のために、暴力が魅惑的に見える状況へと彼は導かれていったのです。

この時期、社会改造を行うために暴力の使用に踏み切った者たちに、「真」「善」そして「美」という言葉がくり返し使われていることに、とりわけ注意しなければなりません。たとえば後に北一輝の思想的影響の下に二・二六事件にかかわり、有罪判決を受けた西田税《みつぎ》という人物は、『無眼私論』のなかで次のように述べています。

真を見、善を表わしたる死は最も美し、
しかしてこは哲理に順して（殉じて）人生を行くときのみ来る。
吾人は真に美しき死を冀《こいねが》わざるべからず。
真に美しき人生の行路を辿るものは真に美しき死を求め得べし、
……余はかくのごとき人生を詩的人生という。
神聖なる血をもってこの汚れたる国家を洗い、しかしてその上に新に真日本を建設しなければならぬ。

朝日と西田に共通する「真」「善」「美」への憧れは、大正の時代情勢が影響しているといわれます。明治期のような植民地化への対抗という国家規模の緊張感が、大正期には消えてしまった。大正デモクラシーと呼ばれるように、日本は久しぶりに朗らかな国内状況に恵まれ、一等国を自負して自信過剰に陥ってもいたのです。

しかし一方で、短い夏でもあった大正時代は、つづく大戦にむかってゆく、秋風の吹く時代でした。「労働ホテル」という名からもわかるように、明るさの陰で失業者たちが膝を抱えているような時代でもあった。明治期のように、国家目標と自己を同一化し、国民全体の気分が高揚するような時代は終わりを告げ、経済的豊かさから放りだされた大正人は、自らの居場所を社会の内部になかなか見いだせないでいた。「自分らしさ」は、国家が与えてくれるわけでも、社会的ステイタスによって保障されるのでもないのです。

するとどうでしょう。周囲を見渡した時、大正時代の風景は、ある種の人びとにとって、明るさよりも汚辱と腐敗に満ちている美しくない社会に見えた。とりわけ、容易に自己の立場が定まらない若者たちが苛立ちの気分を持つのは、むしろ当然のことかもしれません。

つまり朝日の正義観は、それなりに実感を伴っていたのです。こうした「マジメ」さは世間によって跳ね返されます。彼は身のおき所を失い、みずからを賭けるべき対象、生きている意味をあたえ、生に充実感を保障してくれる何かを決定的に見失ってしまいました。斬奸状で「我々は天皇の赤子」だといっている以上、天皇の下では財閥から労働者にいたるまで皆平等であるべきだと思い詰めていたのです。

これが、ある種の「民主主義」的な思考であることに注意すべきです。各人が経済活動を自在に行うことで競争がおこり、新規の発想によって市場が活性化され、もうける者と損する者がでてくる。これが自由主義的な発想です。たいする民主主義的な発想では、できる限り多くの者が平等であるべきだという方向性を持っている。自由主義と民主主義は本来、対立的な発想なのであって、どちらかに過度に傾斜すると、反対方向にこれまた過剰に揺り戻しがおこるばあいがあるのです。

大正時代のこの時期、社会的地位が流動的な人間、経済的な利益にありつけていない朝日たちが、自由主義よりも民主主義的な社会を性急に求めたとしても不思議はない。

彼らの中には「天皇よ、もっとしっかりせよ」と問責する者までいました。きわめて実直な善意の足し算の果てに、暴力という解答を導きだしているのです。

朝日や西田らの眼に、時代はどう映ったのか。それはいま一人のテロリストのことばを借りれば、「結局世の中は優勝劣敗の事実と、それに附随する御都合主義ばかりで、善悪の絶対的標準とか、道とかいうものはないので、各人勝手に生きられるだけ生きればよいのではないかというように考えられますがどうでしょうか」(井上日召「梅の実」)。

井上日召は、血盟団というテロリスト集団の精神的支柱だった人物です。各人が自分なりの正義観に溺れて、暴力に訴えるようになる。つまり民主主義が「美しさ」を求めた挙句、テロリズムを生みだしてしまったわけです。

大正時代と現代の類似性

恐るべきことに、以上の大正時代は現代に似ています。今日もまた日常生活の至る場所でグローバル化や自由化、規制緩和といった言葉が躍っている「格差の時代」です。規制緩和とは、ありていにいえば政府の監視をやめて、社会の隅々にまで無制限に競争を導入する自由主義のことです。

たとえば規制緩和によって、バス業界の自由化が進めば、確かにサービスがよくなるでしょう。しかしこのサービスには経済合理性が含まれている以上、経費節減は雇用の縮小と正規雇用者の過剰労働を生みだします。結果、深夜におよぶ長時間労働がバス横転事故を引きおこし、大学生をふくむ多くの犠牲者がでました。不運、といった天災ふうの言葉で納得してはいけないのであって、政府の方針によってもたらされた人災なのです。

つまり行き過ぎた自由主義的な政策の結果、犠牲者がでてしまった。この弱肉強食の競争原理は、大正時代の「優勝劣敗」と「善悪の絶対的標準」の不在と同じではないでしょうか。井上日召の指摘した事態が、ふたたびおきているのではないか。

国家や地域共同体、あるいは終身雇用といった袋のなかで保護されていた日本人が、世界の中に放りだされ、丸裸のまま競争原理に曝《さら》される。しかもこの競争は、日本国内だけのものではなく、個人が直接、世界全体を還流するグローバルな競争に身を曝すことを意味しているのです。

競争に勝ち残る人間が生みだす「活力」に期待するのか、あるいは国家とは、競争に勝ち残れない人間もまた人間なりという信念から、できるだけ保護の網の目を広げるのか。思想的には、自由主義と民主主義はこの両極に分かれます（筆者の立場が後者に近いものであることは、いうまでもありません）。

平成の日本では、格差社会や正規／非正規雇用など社会の二極化、分断化を象徴するワンフレーズが流行語のようになりました。だとすれば、天皇であれ民主主義であれ、何がしかの理念のもとに「我々は本来、平等であるべきだ」という思いが、若者たちに強烈に滾《たぎ》ってくるのは当然ではないか。平等な社会を暴力的に実現したい気分が、社会に甦《よみがえ》ってきてもおかしくはないのではないか。

もちろん、テロリズムのような極端な暴力主義には、大きな飛躍があります。NPO法人や「年越し派遣村」のような団体の活躍を私たちはよく知っています。しかしそのうえでなお筆者がいいたいのは、政治家や大学教授が、こうした危険性を世間に警告するどころか逆に煽る、溝を飛び越えさせるような発言をなぜわざわざする必要があったのか、それが理解できない。なぜジャーナリズムが、社会の猥雑な部分をことさらに書き立て、社会の不浄を暴露し、臆面もなく善意の足し算をつづけるのか。

大正時代のテロリストにとって、現実は驚くほど欺瞞に満ちた世界だったでしょう。その絶望は、「善悪の基準など、この世界には存在しないではないか」という自暴自棄の気分を生みだした。苛立ちを深めてゆくその先に、彼らの考えるところの「美しい」社会を現出させようという暴力的欲求が抑えがたくなったということです。

三島由紀夫の「美と政治」

ここで、これまで少々曖昧に使ってきた「美しい」という言葉を明確に定義しておきましょう。ふつう、「美」の対概念は「醜」ですが、実際は清潔感だけではなく、風光明媚、奥ゆかしさといった情緒的イメージ、あるいは端正や理路整然などの知的な印象すら含んでいます。

哲学的な概念では、たとえばカントは「美」の反対は「崇高」であると主張しています。人間が自然現象に出会う際、道端に咲く花や観光地を訪れて出会う風景が、カントによれば「美」にあたります。それはどこか予定調和的で、心揺さぶられることはあっても、微笑を湛えて見て通り過ぎることができるような柔和なイメージです。

一方、「崇高」とは、山岳地帯を歩んでいて仰ぎ見る壮大な光景、あるいは巨大な瀧に出会ったときの強烈な印象です。その圧倒的スケールに人間はただ立ち尽くし、自分の卑小さを思い知らされ、現在の自分を壊されるような体験をする。予定調和とはちょうど逆のことで、ある種の暴力的な自我の破壊経験、これが「崇高」という言葉でカントが強調したかったことでした。

しかし、本書で念頭においているのは「美と政治」との関係です。政治思想史家の橋川文三が、三島由紀夫の発言に触発されて書いた「美の論理と政治の論理」という論文を参照しながら、「美と政治」の関係についてまとめてみましょう。

三島はある論文で日本人とは何かを問い、日本文化の象徴である天皇こそ、日本人の一体性を保証するのだといいました。三島にとっての日本文化とは、能の一つの型から特攻隊の遺書、さらに源氏物語から柔道までを包含した「美」にまつわるものすべてでした。ところが、明治以降の立憲君主制下では、天皇は文化や美よりも、政治に深くかかわってしまった。近代日本では、天皇は文化の体現者ではなく、政治的役割を期待されてしまった。三島はこの事態を危機であると指摘しています。そして天皇を、欧米化する戦後の状況から防衛すべきだと主張した。

では、文化と美をこよなく愛した三島にとって、そもそも政治とは何だったのか。その政治観の特徴は、テロリズムを肯定したことにあります。テロリズムが純粋で「美しい」行為だからです。晩年の三島は二・二六事件の青年将校を熱狂的に賛美しますが、その理由は、彼らの心情が純粋だからというものでした。

テロが成功し、巨大財閥やそれと癒着した政治家がいなくなる。そのとき、美と政治はイコールで結ばれる。政治的にアナーキーな状態を三島はこう肯定しています。「すなはち、文化概念としての天皇は、国家権力と秩序の側だけにあるのみではなく、無秩序の側へも手をさしのべてゐたのである」（「文化防衛論」）。つまり三島にとって、美と政治は切っても切れない関係にあった。こうした「美」は、先述のカントの「崇高」に近いイメージといえるでしょう。

橋川は、このような三島の美＝政治の論理にはげしく疑問をもちました。そして「美の論理と政治の論理」を書いて、両者の区別を強調したのです。本来、政治とはあくまでも「悪魔との取引」にすぎないはずだ。政治とは善悪が混在し、清濁併せ呑む世界であり、純粋でも美しくもない行為なのであって、美の論理と政治の論理は区別する必要があるのだ、と。

この橋川の主張は、「平和」という言葉ひとつとっても正しいといえるでしょう。平和とは、一切の武力を放棄し、戦争をおこなわない「美しい」世界だけを意味しません。逆に、核兵器による勢力均衡のように、巨大な力と力、悪魔の兵器同士の力ががっぷり四つに組みあい、一点で均衡したような状態、緊張した時間の積み重ねが「平和」を生みだすばあいもある。悪が善を生みだす。政治には、こうした側面を無視することができないからです。

三島が美＝政治という等式を叫ぶのにたいし、橋川はそれを認めません。むしろ、美と政治の癒着を厳しく戒めています。三島が惚れこむような純粋さ、夾雑物の徹底的拒否は、まさしく「マジメ」そのものです。そして暴力を使ってでも世界を「美しく」しようとする時、三島は天皇をテコにして、テロリズムをも容認しました。彼が求める美的世界には、不純物がまったくなく、テロが成功すれば、すべての人びとが完璧に平等になる世界ができるという。

橋川は、美と政治の峻別を説き、政治がもつ独自の論理、悪が善となり正義が悪を生みだす不思議をよくわかっていました。少なくとも、ウナギのように反転自在な善悪を手なずけていたとはいえるでしょう。

弾力性なき「善意」の暗い影

さて、あらためて平成最終盤の日本に立ち戻ってみます。

ここまでくれば財務省トップの更迭をめぐるバッシングの洪水に、筆者が違和感を覚えた理由を、次のようにまとめることができるでしょう。

国家の中枢を担う人間にたいし、その恥部をマスコミがあからさまにし、それを国民はジロジロ眺めている。その際、先述のように性的刺激あるいは興味本位から不祥事を眺めているなら、日本人はまだ健全だといえます。なぜなら、失笑嘲笑しているかぎりは、まだ精神の弾力性が残されているからです。人は流行や噂に敏感で、それを肴に話に華を咲かせるものです。その意味で異常性の域には達していません。

ところが、ここまで連日不祥事を垂れ流し、さらにダイの大人たちが連日、触ったか触らないかという程度の「事実」を「マジメ」に議論している光景が常態化したばあい、日本人のある部分、とりわけ「マジメ」な人たちが、社会をよくしたいと思う一心から、「真」と「善」と「美」を求めて過激な行動にでる恐れを誰が否定できるでしょう。

冒頭、現代社会にはまずもって「マジメ」で「美しい」社会をつくりたい人が溢れかえっている、と指摘しました。マスコミはマスコミなりの正義観から不祥事を摘発しているのでしょう。しかしそこに精神の弾力性が失われたとき、戦前と同様、社会を浄化するためにはテロをも厭《いと》わない人間がでてこないともかぎらないのです。

そういう危険性に感度を失った政治家、ジャーナリストや知識人たちの言葉もまた、彼らの「善意」とは裏腹にこの国に暗い影を落とし始めています。一連の不祥事とそれへの反応は、昨今のこの国の問題点を映しだす、格好の試金石のように思われてなりません。

二　「辞書」を失った現代人――情報化社会論

イメージ優先の教育論議

現在の日本では教育改革が日々叫ばれ、実行に移されています。大学に所属する筆者にとって、これは他人事ではありません。「FD研修」「アクティブラーニング」「高大接続」などの言葉を、いつの間にか当然のように使うようになりました。小学校では二〇一八年度から、中学校でも一九年度から「道徳」が教科化されることになりました。

政府主導の教育改革がはじまると、必ず批判が沸きおこります。道徳教育の教科化が決定されると、すぐさま賛否の両論が並びたち、お互いの政治的立場を罵りあう。日教組やマルクス主義左翼にたいしては、「過剰に子供たちの『自由』を重んじるからケシカラン」という人がいる。すると批判された側は「お前たち保守側は、戦前的忠孝教育の復活を目指したいのだろう」と反論する。かつて歴史教科書をめぐって同様の対立があったことを、思いだす人もいるかもしれません。

しかし、ここで当然視されているマルクス主義左翼＝過剰な自由主義教育という等式は、実は成り立ちません。共産主義と自由主義は本来、対立するものだからです。共産主義国家圏の教育をみれば一目瞭然、きわめて画一的で特定の道徳観・歴史観を教える指導体制をとっています。これらの国では、教育は自由とはおよそ無縁です。

一方、道徳をすぐさま「戦前」に結びつける人は、恐らく実際の教材を一度も開いたことがないのでしょう。現行の道徳教科書は、こちらが気恥ずかしくなるくらい健全な青少年像を求めていて、偽善的なにおいすら漂う。思春期をむかえた中学生に、「この空欄に、将来の自分の夢を書いてみよう」などと大真面目に書いてある。本気で空欄を埋めようとする学生が、はたしてどれくらいいるでしょうか。

大人たちが思っているほど、彼らは健やかでも子供でもありません。もっとしたたかに大人の偽善を見抜いている。生死や友人関係をめぐる問題に敏感であり、自己内部の性や暴力に目覚めているものです。彼らが大真面目に戦っているのは、ＬＩＮＥやＳＮＳなどで、日々、目まぐるしく変化し伸び縮みする友人関係の網の目であり、教科書にある陳腐な夢など眼中にはない。微温的で、毒にも薬にもならない道徳教材は、そもそも実際の教室で使われることも少ないと思われます。

どうして教材が面白くないか。前記の両極端な思想の持ち主が存在しているからです。過剰に左右にブレた教育関係者たちの正義観に、政府と教科書検定官は非常に敏感です。その結果、どちらでもない無色透明で個性のない、きわめて穏当で興味を掻き立てない、「美しすぎる」逸話にみちた教材ができあがる。作る側も読まされる側も何一つ興味をもてず、したがって実益もない、「道徳教育をした」という事実だけが独り歩きしているのが現状なのです。

教育について熱く論じる者の多くが、自らが抱くイメージを強制し、あるいは相手にレッテルを貼り、翻弄されている。敵対する相手を想定し、批判の斧を振りおろす。しかし教育問題と一口にいっても、グローバル教育すなわち英語教育拡充から道徳教育の教科化、歴史教科書問題、教員の資質向上、いじめ問題など、課題はきわめて多岐にわたります。以下では二〇一五年、文部科学省（以下、文科省）のある通知にたいして、澎湃《ほうはい》と沸き起こった騒動、「文科省は、人文系学部を廃止しようとしている！」という批判を手がかりに、議論を進めてみることにします。

あらかじめ私の立場をいっておけば、筆者もまた人文系の学問の重要性を痛感し、読書時間の減少や暗記科目化している歴史教育に危機を感じています。しかし、自らの考えを述べる前に、まず、わが国政府が何を目指しているのかを確認することから、はじめるべきだと思うのです。

文科相通知で議論が沸騰

二〇一二年度から文科省は大学側と連携し、大学改革を進めてきました。少子化が明確になった現在、国立大学はどうあるべきか。それぞれの大学のアイデンティティを明確化し、どんな特色をもつべきか。どんな人材を育てたいのか明確にすべし、というわけです。

問題となったのは二〇一五年六月、当時の下村博文文科相から大学へ向けた通知、「国立大学法人等の組織及び業務全般の見直しについて」の一文でした。それは次のようなものです。

第3　国立大学法人の組織及び業務全般の見直し

各国立大学法人は、各法人の状況を踏まえつつ、この見直し内容等に沿って検討を行い、その結果を中期目標及び中期計画の素案や年度計画に具体的に盛り込むことなどが求められる。

1　組織の見直し

（1）「ミッションの再定義」を踏まえた組織の見直し

「ミッションの再定義」で明らかにされた各大学の強み・特色・社会的役割を踏まえた速やかな組織改革に努めることとする。特に教員養成系学部・大学院、人文社会科学系学部・大学院については、18歳人口の減少や人材需要、教育研究水準の確保、国立大学としての役割等を踏まえた組織見直し計画を策定し、組織の廃止や社会的要請の高い分野への転換に積極的に取り組むよう努めることとする。

この文章にたいし、「戦前の総力戦体制や学徒動員を彷彿とさせる」という知識人から、「戦前の教養主義教育こそ優れた人材を生んだ。人文社会科学系の統廃合とは何ごとだ」と眉をしかめる旧制高校出身者にいたるまで、一揃いの反発が飛び交ったと記憶します。政府に批判的な革新系の立場からすれば、自治を旨とする大学教育の「組織の廃止」まで口にするこの通知は冗談ではないとなるでしょう。また、教養主義への郷愁をいだく保守系の長老たちも、これに同調したのです。つまり保革合同の奇妙な連帯が生まれ、一斉に政府批判を展開したわけです。

しかし筆者が違和感を禁じ得ないのは、こうした批判の大半が、自分のなかにある理想の教育像によって通知の一部分を解釈し、イメージがイメージを生んで、結果的に何一つ新しい教育方針を提案できていないことでした。政府批判や教養主義への郷愁を語る前に、考えるべきことはたくさんあるはずだ。なぜ、そもそも文科省はこんなことを口走ったのか。そこには教育関係だけではない、現在の日本社会全体を覆っている「ある致命的な前提」が存在するのではないか。それが文科省の発言に、如実に表れたのではないか――そうした疑問をもつべきだと思ったのです。

政府方針に資する教育政策

重要なのは、過剰反応した引用後半「組織見直し計画」の部分ではありません。むしろ前半の国立大学としての役割にかんする部分にあります。

これは国立大学と私立大学の役割を、はっきりと分けて考えるものです。私立大学のばあい、不可避の要請として、利潤追求の経営感覚が優先され、時代への即応性を求められる。周囲をみても分かるように、私立大学が時流に流された学部名をつけ、人材確保のために外国人留学生を受け入れる光景は、今やありふれています。

だとすれば、逆に国立大学だけは時流に流されず、ときには時代遅れにみえる基礎的学問も維持しつづけること、つまり「社会的役割」とはかけ離れたことに、唯一、投資できる場所かもしれないのです。目先の成果主義ではなく、長い目で課題に取り組むことができる、「待てる」場所こそ国立大学なのかもしれない。しかし通知は、この可能性には一切、触れられていませんでした。この「前提」には何があったのか。

当時の経緯をくわしく調べると、産業競争力会議課題別会合（第七回、二〇一五年六月四日）が「日本創生のための教育改革」という課題で資料を作成し、また同年一二月には、中央教育審議会が「新しい時代の教育や地方創生の実現に向けた学校と地域の連携・協働の在り方と今後の推進方策について」という長い題名の答申をだしています。これらの内容は、すべて二〇一四年に閣議決定・法施行された「まち・ひと・しごと創生総合戦略」の影響をつよく受けたものでした。

これは省庁と政府のつながりを示す典型的な事例です。そしてこれら数年前の事例の背後に、現在の私たちをも呪縛する、ある「前提」が隠されている。つまり、当時の文科省通知の言葉尻を取りあげ、戦前回帰だの人文系学部軽視だのと一喜一憂するのでは意味がない。そうではなく、政府の国家戦略全体との関係から文科省が思わず口走った言葉の背景にある「前提」を、えぐりだす必要があるのです。

前出の二つの資料を読み解くと、以下のようにまとめることができます。政府の考える時代理解は、「工業化社会から情報化社会への大きな構造転換」がおきている、というものです。情報化の濁流に呑まれつつ、それでも経済成長を達成するという戦略が練られている。新しい時代、すなわち情報化の時代にあって、経済成長を達成するという政府の基本方針をふまえて、そのために教育はいったい何ができるのか。教育行政を統治する文科省は、自らの存在意義を政府に証明するために、次のような独自の方策を提言していくことになるのです。

第一に、幼児期からの教育に本腰をいれる。学歴の向上は生涯所得の上昇を生みだし、貧困から脱出する人びとが増えれば、将来の税収増加につながるだろう。生活保護の受給抑制にも教育は貢献できる、というわけです。教育という直近では成果の見えにくい分野こそが、将来のわが国の経済成長に資するというアピールが、ここにはあると思われます。

第二に、国家戦略の二本目の柱は「まち・ひと・しごと創生総合戦略」、つまり地方創生です。少子高齢化と都市部への人口集中によって、地方は疲弊している。では教育は何をすべきか。答えは「学校の地域化をはかる」。

たとえば、学校を中核として地域おこし、まちおこしを目指すということです。文科省の文書によれば、今、学校内部では、生徒一人ひとりの課題が複雑化・多様化しており、とてもひとりの担任だけでは対応しきれない時代になっている。その一方で、地域社会の衰頽《すいたい》は人口減少等、著しい。だとすれば学校内部からも、また地域社会の側からも、学校を広く開放し、お互いに助けあうことが望まれているにちがいない――このように現状分析をします。

よって、情報化社会のなかで地方の疲弊に対処すべく、文科省は次のような方策をとると主張します。小学校低学年のころから積極的に社会参加し、情報化時代に対応できる「起業体験」をさせる。これは子供と地域の連携を深め、結果、地元に根付く人材が育成できるはずである。こうした地方で活躍できる人材の育成、起業体験やインターンシップは、高等教育でも益々重視されています。

以上の二つの提言によって、経済成長と地方創生という国家目標に、文科省は資するであろう。学校を中核に、政府の二大目標に資する政策を提言しているというわけです。

「自明の前提」とされる人間像

以上からわかるのは、人文社会科学系学部の廃止をめぐる騒動は、文科省が右傾化、すなわち戦前回帰したわけでも、「悪い」わけでもないということです。文科省は、政府の方針を忠実になぞり、自己の存在証明をしているにすぎません。

問題の本質は、「経済成長」と「地域創生」を二大目標に掲げた、現在の日本政府の価値観をどう考えるかにある。この目標を目指すかぎり、必然的に文科省は、起業体験やキャリア教育などの「時代の変化を即座に理解し、適応できる人材」に最高の価値を置かざるをえません。時代の変化に即応し、流れに掉《さお》さす人材を、起業者あるいはクリエイターと呼んで称賛する傾向が、自明の前提になっている。

ここには、日本人の思考を揺るがす大きな問題がひかえています。なぜなら、文科省の通達騒動は、社会が良しとする人間観、価値観を問い直すことに直結するからです。国家が主導して経済成長や地域創生のための人材をつくりだそうと考える、その際の価値観や人間像には、どんな特徴があるのか。

目標達成のためには、ぜひとも「情報化社会」に順応精通することが必要だというが、では、その社会はどのような人間を必要とし、また価値ある存在だと評価するのか。いったいどのような日本人をつくりだそうとしているのかが問われねばなりません。文科省が、人文社会科学系の学問を軽視することの功罪は、ここまで掘り下げてはじめて見えてくるのです。

以上から、二つの課題が見えてきます。第一に、時代に即応することを求められる現在の日本は、いったいどういう国情なのか。「情報化社会」とは、どんな特徴をもった社会であり、いかなる人間を生みだそうとしているのか（時代診察）。第二に、では、私たちが本当に目指すべき価値観や人間像、日本人はこのままでいいのか。もし変えるとすれば、いったいどのようなものなのか（時代への処方箋）。教育問題はこれらの前提を明らかにしたうえで、はじめて議論できるのです。以下、しばらくの間、教育問題の基礎をなす現代社会の状況をとらえておきましょう。

「消費」中心の情報化社会への移行

ここで、社会学者の見田宗介の分析を参照しながら、「情報化社会」の原風景を見ておく必要があります。戦後から一九九〇年代までの社会を、きわめて大雑把に冷戦構造と定義すれば、この時点までの世界は、資本主義vs.共産主義という二極構造をしていました。もちろん日本はアメリカ主導の資本主義側に属していたわけですが、共産主義側は、「資本主義は最終的に恐慌に帰結し、その危機を乗り越える手段として、『戦争』という破壊行為に頼るしかない」のだと批判していました。

資本主義では必ず需要と供給にアンバランスがおこる。人間の欲望・消費には限界があるのであって、供給過剰が必ずおこる。これを克服するには、いったんすべてを破壊する、「つくっては壊して」の戦争運動をつづけるしかないというわけです。資本主義社会が産業の発展、とりわけ軍需産業の発展を伴っていたことはいうまでもなく、軍事費が政府の支出の多くを占める資本主義国家はめずらしくありませんでした。

ところが戦後日本は、きわめて低い軍事支出と同時に、未曾有の経済的繁栄を謳歌することになりました。資本主義社会は必然的に恐慌と戦争に行きつくという共産主義側の主張を日本は完全にくつがえし、資本主義と戦争ではなく、経済成長と平和は両立するということを世界に見せつけました。

戦後日本が達成した豊かな社会は、実は「近代社会」から「現代社会」への移行期間にあたります。高度経済成長から冷戦崩壊へと向かう豊かな日本は、近代から現代へと衣替えをしていく時代にあたっていました。ソビエト連邦崩壊後の一九九〇年代以降、日本は決定的に現代社会へと変貌を遂げてゆくことになる。では、近代社会と現代社会の特徴の違いとは何なのでしょうか。

一言でいえば、それは人間が「生産」する動物から「消費」する動物に変化したということです。人間とは何かという哲学的問いにたいし、近代社会は、それは「生産」する存在だと答えました。「生産」中心の資本主義社会では、モノを供給する能力の無限の拡大に努力する（技術革新はその好例です）一方で、需要と消費には必ず限界があると見なされていました。

この限界を乗り越えるために、新たな資本主義が誕生します。それが無限の「消費」を喚起することを目指す資本主義であり、そこでは「情報」が決定的な役割を演じることになるのです。後に「情報化社会」と呼ばれることになる資本主義の特徴を暴きだすために、見田は時代と場所を遡《さかのぼ》り、一九二〇年代後半のアメリカに登場した自動車産業を分析対象としました。具体的には、T型フォードで有名な「フォード型」の自動車生産様式と、その後に登場した「ＧＭ型」のそれを比較します。

T型フォードは、高嶺の花だった自動車を安価に提供し、大衆車をつくりだした。自動車の特徴は、徹底した規格化と画一化、そして大量生産をしたことにあります。つまり、同じ特徴をもつシンプルな車を大量生産し、徹底的にコストを下げた。結果、多くの人びとが自動車を手にしたのです。「画一化」という言葉がきわめて重要です。大袈裟にいえば、当時のアメリカ社会では、どの道でも同じ顔つきをした車が走っている、わが家の車がどれか、区別のつかない状態が出現していたわけです。

ところが、一九二九年の世界大恐慌前後、新しい生産方式が登場します。「GM型」の自動車生産です。GMのばあい、自動車の機能向上や価格、画一化や大量生産には注意を払わなかった。代わりに力を入れたのが、徹底したイメージ戦略でした。広告とデザインによる自社のイメージアップに全力を注いだのです。今や人びとは同じ規格の商品を十分に手に入れてしまった。画一化された自動車に飽きた人びとの心に、「個性」という魔物が忍び寄る。人とはちがう自分なりの自動車、「この」自動車に乗ることが他人との違いを際立たせ、自分の存在価値を強調するアイテムになるような、モノへの渇望。その期待に応えるのが「GM型」の戦略でした。

そしてこの「GM型」こそ、今日の消費中心の「情報化社会」の先駆けでした。イメージ戦略で中心的な役割をはたすのは、ＣＭをはじめとする情報の洪水です。無限の「消費」に火をつける新たな資本主義は、大量の情報を人びとにあたえ、斬新なイメージで刺激し、購買意欲を維持しつづける資本主義なのです。

こうした広告の氾濫は、二〇一〇年代を生きる私たちが、どこにでも見かける光景です。携帯電話のＣＭに電話それ自体の話題は一つもでてこない。代わりに犬が主人公の家庭の光景や、浦島太郎とかぐや姫の掛け合いなどがテレビ画面に登場する。あるいは、澄みわたる海辺にぽつりとボトルが置かれ、一目では酒造会社の宣伝だとはわかりにくい。これらのＣＭで意図されているのは、良好なイメージを抱かせることが商品の購買意欲をそそり、消費を喚起することです。

現在ではテレビだけでなく、スマートフォンから得られる夥しい情報の洪水に私たちは日々、直に晒《さら》されています。無防備なまま、一人ひとりがバラバラに情報の洪水に身を委ねている。こうして、現代社会＝消費社会＝情報化社会という等式のなかを生きているのです。

「辞書的基底」の喪失

日本人が直面しているのは、こうした情報の渦に巻き込まれた現代社会です。結果、次のような三つの人間像が浮かび上がります。

第一に、欲望を無限に喚起され「つづける」存在であること。人間とは、モノを買う生き物であって、消費するのをやめた途端、経済成長はストップしてしまい、社会は瓦解する。だから購買意欲を絶やさぬよう、中毒性の強い刺激を受けつづけねばならない。よって第二に、現代社会を生きるには、つねに「新しい」ことが最もよいという価値基準を持つようになること。なぜなら、手元にモノを持っているにもかかわらず、次の商品に手を伸ばしたくなる最終根拠は、「新しい」こと以外にはないからです。

そして新しさとは、次々に移ろいゆく価値観である以上——たとえば、旧モデルという理由で、一年前の商品が格安で売られている光景にであったことがあるでしょう——確固とした価値基準を失った時代を生きていかざるをえない。経済成長に駆り立てられた現代社会とは、つねに新しい商品を追いかけ、買いつづけている社会に他ならない、精神の安定性を欠いた社会なのです。

しかも第三に、「消費者」と一括される一人ひとりは、情報に「直接」身を晒して生きている。子供にスマートフォンを持たせることに批判的な意見がしばしばあるのは、不特定かつ大量の情報に、善悪の判断基準が未成熟な子供たちが直接触れることへの直感的な嫌悪があるからにちがいありません。

しかし今や、われわれ大人こそが〝未成年〟ではないのか。「新しい」という、本来なら基準ならぬ基準だけを握りしめ、大量の情報と商品の渦に巻き込まれている。そんな人間が、二〇歳を過ぎたという理由だけで名実ともに成人できているとは思えない。現代社会とは善悪の判断基準がない、固定化できない社会であり、唯一あるのは新規性こそ絶対善だという考え方なのです。

こうした社会を、筆者は「辞書的基底を喪失した社会」と定義したいと思います。「辞書的基底」とは、文字どおり辞書のことを思いだしてもらえればよいでしょう。英文を読んでいて分からない単語に出くわすと辞書を引く。たとえばＬＩＦＥと引くと「生活」とある。何の疑いもなく、英単語の横に日本語の「生活」と書き込んで先を読み進めていく。この際の信頼を支えているのは、他のどの辞書にも、ＬＩＦＥの意味は「生活」のはずだと信じられているからです。出版社が違っていても、同じことが書いてあると信じている。これが「辞書的基底」のある状態です。

しかし現代の情報化社会は、辞書的基底を喪失している状態です。いわば、辞書を引くごとにちがう意味が書いてある。ＬＩＦＥは時間の移ろいとともに、生活だけでなく、時には犬であったり、猫であったりもする。ではどの意味が「正しい」のか。このばあい、答えはおそらく猫になります。猫は最後に辞書を引いた時に出てきた意味、つまり最も「新しい」意味だからです。もちろん、次に辞書を引けばまたちがった意味が書いてあり、今度はそれが猫に代わり、ほんの一瞬だが絶対善の座に鎮座する……この無限の変化を繰りかえす。それに合わせようとすること、過剰適応をヨシとする状況に身を曝《さら》けだしているのです。

つまり現代の日本人は、情報によって辞書的基底を奪われ、その場その場の状況に過剰に合わせながら生きている。政府自身がそれを認め、助長し、適応すれば経済成長が可能になるのだと叫んでいる。そして文科省は、教育分野で政府の期待に応じるべく、人文社会科学系学部の統廃合を目指す――このような流れになるわけです。

辞書的基底のない社会では、どこまでいっても、精神の安定を得られない人間が溢れます。新しさを追求することを唯一の基準に生きる限り、古いことはそれだけで価値を喪失する。「古臭い」と言われることを何より恐れ、商品の濁流に翻弄され、消費すること、すなわち「自分」であることを強いられる。

しかし、この「自分」は、転変止むことなき自己像の動揺しかもたらさないのではないですか。「自分」という存在を何度辞書で引いてみても、無限に新しい意味を書き込まねばならないからです。これでは、ＬＩＦＥの意味が確定しないのだから、先に文章を読み進めること、つまり生活を紡ぐことも困難です。

よって、政府が掲げるもう一つの政策「地方創生」も、実現するはずがありません。二〇〇八年にアメリカでおきたリーマンショックまでの日本は、二〇〇二年から〇八年にかけて、戦後最長と呼ばれる景気回復の時期でした。二〇〇一年の小泉内閣から推進された「規制緩和」による「経済成長」促進の結果です。政府の規制を大幅にゆるめることで、自由な発想と競争が生まれるだろう。競争は経済発展の起爆剤と新規雇用をもたらすはずだ――これが規制緩和による経済成長の目論見でした。

規制撤廃のなかでも、とりわけ二〇〇〇年の大規模小売店舗法の廃止は、地方都市の風景を大きく変えることになりました。それまでは地方の小規模店舗の存在を守るために、大規模店舗を周囲に立地させることは禁じられていた。このルールが撤廃されたことで、今日どこでも見ることができる風景、地方都市の幹線道路沿いの敷地に、駐車場と大型ショッピングモールが建てられ、そこに毎週末、人びとが吸い込まれ、消費活動の大半をおこなうようになりました。車で日本中どこを訪れても、同じタイプのショッピングモールを見かけることができる。地域独自の色彩と文化が喪われていくのは当然です。

自由競争を促したばあい、大型店舗を経営する一部の企業が消費意欲を喚起し、まさに現代社会＝情報化社会＝消費社会の縮図を、モール内部で展開していることになるでしょう。しかし、人びとが買う商品の「個性」とは、各地域の「独自性」とは何の関係もない。ＣＭやイメージによる「新しさ」で得られる「個性」は、歴史と伝統が積み重なった「独自性」とは、ちょうど正反対の価値観なのです。

こうした政府の方針が生みだす価値観と人間像に合わせて教育をおこなうとすれば、どんな日本人を今、この国は作ろうとしているのでしょうか。問題は、ふたたび本章冒頭の教育問題へと還っていくことになります。

個性を奪いとるグローバル教育

政府が掲げる経済成長と地方創生は、どのような価値観・人間観を自明の前提としているのか。「情報化社会」という概念に注目すると次のようにいえるでしょう。

第一に、日本人は対人関係においてバラバラになったまま、情報に直接身をさらしている。また「自分」自身も絶えず変化し、微分化され、砂粒のようになっている。自己は、日々の生活を紡ぐ「線分」的な人生ではなく、刺激に反応する「点」の集合のような存在になっているのです。生活から時間の連続性が奪われていることが重要です。

こうした場当たり的・過剰適応的な人間がよしとされる社会で、教育がおこなわれるとどうなるか。過去を学ぶ歴史が軽視されるのは当然です。そもそもが暗記科目になりがちな歴史への興味はさらに薄れ、過去を学ぶより、現時点で必要とされる情報処理能力に授業時間を割くべきということになる。そのうえで、時代は世界を視野に入れたグローバル時代に入ったのだから、英語教育は低学年からおこなうのが正しい、という主張がでてくる。外国人教員と朝のあいさつ程度の英語を話すために少なからぬ時間を割き、現代文や古典など読んでいる時間は無駄だとなるわけです。

また地方に眼を転じれば、子供たちは地域の独自性を学ぶのではなく、逆に地方の個性を奪い、世界的（グローバル）な視野という名の、実は画一化されたミニ東京のつくり方を学ぶことを強いられ、個性を奪いとられていく。

「新しさ」を価値基準にしている限り、時間の積み重なりに注目する学問、すなわち歴史や道徳、国語といった科目は必然的に軽視されるようになります。無色透明と化した「自分」の中を、時代の流行が現れては消えていく。

これを個性といえるでしょうか。だから筆者は、「時代情勢に適応した大学改革・教育改革」に反対しているのだ。人文社会系の教育が大事だと主張しているのです。

情報があらゆる分野を席巻している現代において、大切なのは、その情報のうちから何が「自分」にとって価値があり、何に価値がないのかを判断する基準の回復、つまり「辞書的基底」の回復です。そのためには時間の蓄積をその身に帯びる必要があり、日本人は進むのではなく、立ち止まるべきなのです。少なくとも、自らが情報に翻弄され、基底を失っていることを自覚することが最低限、求められているはずだ。

その際、筆者が必要だと思うのは、自分の感覚や経験だけを基準に、基底などつくれないと思い定める謙虚な態度です。わずか八〇年程度の人生では、地震も原発の大爆発も予想などできなかった。だとすれば、人間が激変する情報社会で適切に対処するためには、過剰適応するのではなく、逆に身を引きはがし、過去からの声に耳を澄ますべきではないのか。一旦は状況を冷静に把握することができる高台に立つ必要があり、それは過去、つまり歴史の中にしかないのです。

ここに歴史教育や道徳、さらには国語というものの重要性がでてきます。あるいは歴史や道徳といった個人を超えたものを身に帯びてこそ、はじめて個性が、つまりは「自分」というものが確立されるのではないか。にもかかわらず、歴史や道徳と聞くや政治的イデオロギーむきだしで興奮する人びとは、保守・革新の別なく、過去を冒瀆《ぼうとく》している。そう批判されて当然ではないか。

小林秀雄の歴史教育論

筆者はここで、歴史教科書問題などに入り込むつもりはありません。漠然と使ってきた「時間の積み重なり」や「過去」、「歴史」とはいったい何かということ、それ自体を問い質《ただ》しておこうと思うのです。参考になるのは、太平洋戦争直前の昭和一六（一九四一）年、批評家の小林秀雄が書いた歴史エッセイ「歴史と文学」です。小林は、歴史教育のあり方をめぐって、おおよそ次のような議論を展開しています。

学校で歴史を教えていると、学生諸君に興味をもってもらうのに非常に苦労する。歴史を暗記科目だと思い込んでいる彼らに、いくら戦時体制だからといって「国体観念の明徴《めいちょう》」のための歴史教育をせよといったところで、心に沁みるはずがない。歴史の中には、本来、人間の喜怒哀楽や尊重すべき生活の事実が満ち溢れていて、豊饒な過去を学ぶことができる。つまり面白く教えさえすればよいのだ――と小林はいいます。戦争にむかうこの時期、歴史は暗記科目か国体を教えこむ作業場になっていて、いずれにしても砂を嚙むようなつまらないものだったのです。

また学校現場を抜けだし、歴史学者たちの方を見てみると、彼らは「唯物史観」で歴史をすべて説明できると思い込んでいる。マルクス主義史観によれば、人間の歴史は共産主義革命という最終目標へむけて突き進んでいる。因果関係があり、単線的な方向へむかっているということになる。そこから現在のわれわれは歴史のどの地点にいるのか、あとどのくらい進歩すべきなのかが説明できるというわけです。

ここで小林秀雄が「国体観念の明徴」と「唯物史観」を、共に批判していることに注目すべきです。思想的には右翼と左翼で対立する立場が、実は同じ過ちを犯している。彼らは共に、人間同士の喜怒哀楽の舞台であり、正論ではとても割り切れない歴史の一部分だけを取りだし、見つめている。大きなうねりの一部分だけで歴史全体を解釈し、善悪で色分けしてしまっているからです。

だがそれでは、豊穣な人生の機微を見落としてしまう。歴史を学ぶことの本当の意味を見失っている——そう小林は批判します。では小林の主張する「歴史」、観念や史観とは無縁な、人間たちが産み落とした「歴史」の本質とは何なのでしょうか。

それは、「過去は二度と戻ってこない」ということを痛切に味わうことに他なりません。小林によれば「歴史」を学ぶとは、人間たちが遺していった無念や恨みを味わい、哀惜することなのです。たとえば、子供に死なれた母親の思いのなかにこそ、本物の「歴史」があると小林はいいます。子供を失った母親にとって、子供が存在しないという現実は、どうしても動かせない不可逆な事態です。どれだけ因果関係や数字をあげても仕方ないことだから納得せよと説明されたところで、心が鎮まることはありません。子供がいないということ、取り返しがつかないということ、自分が考え、予定していた将来像が打ち砕かれたところに、「歴史」が浮上してきます。

一緒につくるはずだった思い出、自由に描けたはずだった未来が完全に否定される。あるはずだった時間が取りあげられ、二度と戻れないと痛切に思う時、そこに「歴史」がもつ必然性が顔をあらわす。抵抗しても抵抗しようのない宿命に直面すること、不可逆性こそが「歴史」の本質だというのです。そして小林によれば、この事実に打ちのめされた人びとの悲喜劇の堆積が「歴史」であり、過去の汗や涙を味わうこと、悲喜劇を追体験し、哀惜することが「歴史」を学ぶということなのです。

以上の小林の歴史教育論は、現代社会に大きな示唆を与えてくれます。日本の歴史という長大な時間と巨大な空間についての話が、母親と子供の死から語られている。小林は、きわめて個人的な思いからしか国家の歴史には迫れないという事実を教えてくれているのだ。そして国体観念や唯物史観など、歴史教育を云々する際に、必ず耳にする用語――「戦前回帰」とか「日本の大切さ」――が、いかに紋切り型で陳腐であるかは、もはや明らかでしょう。

人は、個人的な体験に過去を重ね合わせることで、つまり共感した瞬間に「歴史」を学んでいる。だから人間は、失敗や敗北をあまり経験していない若年の頃よりも、歳を重ねてからの方が「歴史」に興味を持つのではないですか。過去が躍動感をもって人の心を揺さぶるには、こちら側にもそれなりの辛酸と、取り返しのつかない経験が必要とされる。歴史ファンの年齢層が高いのには、それなりの理由があるのです。

ここで指摘されている時間イメージが、いかに現代社会のそれと違うかに注目すべきです。情報化社会に適応する日本人が、「新しさ」に翻弄され、つねに自己像の不安定にさいなまれているのにたいし、過去へ耳を傾ける人間は、大きな時間の前に立ち尽くし、また身を委ねてもいる。無数の人間たちの喜怒哀楽の堆積を引き受けようとしている。生の機微にふれ、なぜ人はこうも苦しまねばならないのか、非合理な体験を強いられるのか、宿命は変えられないものなのかに思いをめぐらせる。共感をもって日本歴史を学び、先人の叡智をいつの間にか身に帯びて、「自分」という存在は分厚さを増していく。

人文社会系学部に使命があるとすれば、そうした人間としての厚みを増すためであり、時代に翻弄されずに判断する基底を、「自分」の中につくりだすことにあるのでしょう。人が本当に「歴史」を学ぶとき、歴史や道徳といった科目の区別など吹き飛んでしまうのだ。歴史教科書であれ、道徳教育の教科化であれ、大上段から論じて政治的左右に躍らされれば、それだけ「歴史」から離れてしまいます。

経済成長と情報化社会に邁進せよ、「新しさ」に踊り、瞬間を生きよと政府はいいます。一方で、硬直した正義観に囚《とら》われた教育論者たちの大きな声ばかりが左右から聞こえてくる。こうした時代にこそ、子供を亡くした母親のような心持ちで「歴史」を学びなおし、現代社会の価値観を問い質す必要があるのです。

三　「大きな物語」は危うい──ロマン主義論

独善者と自己喪失者の同居

筆者は第一章のバッシング論で、財務事務次官の不祥事をめぐる問題を戦前のテロリズムの季節に重ね合わせ、警鐘を鳴らしました。大正期の暗殺事件は、その後の戦争に直結していく、きな臭い出来事でした。つまり「平成最後の日本は、ある意味で戦前に近い状態にある」と指摘したわけです。

戦前回帰論は、筆者の独想ではありません。実際、二〇〇八年にリーマンショックがおきた際、「戦前の世界大恐慌に匹敵する」という主張が見られたし、また三年後に東日本大震災がおきた際も、関東大震災に類比する発言が多くありました。いずれも、その後の情勢が世界大戦にむかっていくことから、現在は戦前と同じであると危機意識を募らせる知識人は少なくなかったのです。

とりわけ、二〇一二年末に第二次安倍政権が登場し、特定秘密保護法案や安全保障関連法案が提出されるたびに、安倍首相は独裁者だ、あるいはヒットラーと同じ手法だとの批判がなされました。これまた要するに、戦前回帰との批判であって、この点だけならば、本書と首相批判をする人たちは同じ立場に見えるでしょう。しかし実際の立場には相当のひらきがあることは、第五章のポピュリズム論で詳説することにします。

さて、第二章の情報化社会論では、その渦中にある日本人の「自分」が不安定であること、急激に転変する様子を指摘しました。「新しい」ものへ飛びつきつづける存在、絶えざる購買意欲に駆動される存在、これが二〇〇〇年代のわれわれの姿です。商品の嗜好が各自でバラバラな現代は、社会全体で共有できる「正しさ」もまた存在しないのです。

こうして官僚批判が席巻する現在の日本には、きわめて独善的な「マジメさ」に固執してしまう人たちがでてくる。彼らは、みずからの正義観にいささかの疑いも抱かない。一方で、情報化社会からみたばあい、日本人は確実な精神的基盤をもてず、時代の流れに翻弄されてしまっています。

つまり、「自分」を信じきった善意あふれる人たちの傍らには、不安定な「自分」を抱え、確実な価値観に安住できない人が多数存在する。情報によってあたえられた新規性に終始、左右されている人たちがいるのです。

極端な独善者と自己喪失者の奇妙な同居が、なぜ現在、おこっているのでしょうか。ここまで正反対の人が混在する「極端な社会」に、なぜ、なってしまったのか。社会全体にいい意味でのグレーゾーン、あいまいさ、精神的余裕がまったくない。両極端に分裂してしまい、その間から湧きでてくるはずの「ゆたかさ」が失われてしまっています。

二〇一八年の日本では、財務事務次官の性的不祥事以外にも、「忖度」という言葉が流行語となっていました。二〇一七年二月、学校法人森友学園にたいし、国有地を安価に売却するよう首相側から働きかけがあったのではないかという疑惑が浮上します。さらにこの問題をめぐって、財務省の決裁文書が改ざんされている事実が明るみになり、佐川宣寿・国税庁長官（当時）の証人喚問と辞任という騒動にまで発展しました（これと同様の騒ぎは、年をまたいで厚生労働省の作成している「毎月勤労統計調査」の数字不正問題として尾を引いています）。

その渦中で、払い下げを受けた理事長が「忖度」という言葉をつかったことから、一躍、流行語になったのです。この語自体の意味は、「他人の気持ちを推し量る」といった程度の中性的なものですが、マスコミはそこに御上の御意向を事前に推察し、それに合わせるといった、自嘲とも揶揄とも取れるニュアンスを込めて報道をくり返した。安倍首相こそ御上の典型なわけであって、官僚が大物政治家の無言のプレッシャーに右顧《うこ》左眄《さべん》し、追従していることがバッシングされたわけです。

必要なのは「気骨」と「大きな物語」なのか

以上の不祥事について、歴史界から反応が現われました。『文藝春秋』(二〇一八年五月号)では、「安倍政権と旧日本軍の相似形」というタイトルで、半藤一利氏と保阪正康氏、そして若手論客として辻田真佐憲氏が鼎談をしています。タイトルから推察されるように、彼らもまた、現在の安倍政権を戦前の旧日本軍と比較して論じている。戦前と現在との類似性を、以下のように指摘しています。

適切に保存されるべき公文書が改ざんされた問題一つとっても、たとえば戦争末期の小磯国昭内閣の時代に似たような状況があった。海軍次官が軍需局長に、「天皇陛下が日米の戦力比の数字を知りたいと言っている」旨を伝え書類作成を命じると、「いつものようにメイキングしますね」との返答を受けたという。つまり小磯内閣以前から、天皇にたいして常時、海軍官僚は数字を出し入れし、資料を都合よく改ざん・捏造していたというのです。

さらに、戦前の軍部独裁について見てみると、とりわけ帝国陸軍が行政権をにぎって司法と立法府を脅かした事実があり、安倍内閣はそれを彷彿とさせる。理由は「行政の独裁」がおこなわれていたからであって、「行政独裁は、軍部が解体された現代でも起こりうる」というわけです。

しかし、と半藤氏も保阪氏も留保をつけます。それでも戦前の官僚は「天皇の官僚」として、きわめて高潔なプライドをもった人もいた。半藤氏は戦前の官僚には「気骨」があったとしきりに言っています。また保阪氏も、沖縄返還にかんする日米密約について、元外務事務次官などが最終的に真実を暴露したことに触れ、「官僚にも良心がありますから、最後には話してくれると思いますよ」と、戦前から戦後を生き抜いた官僚を賞賛しています。かつての官僚は、天皇から特別な使命をあたえられているという選抜感覚が忠誠心を生みだし、不浄な行為に手を染めないプライドを支えていた、というのが彼らの見立てです。

ところが、戦後の官僚は「国民の官僚」としての自覚を欠いていて、「政治家の官僚」

になってしまった。二〇一四年に内閣人事局がつくられ、官僚の人事権を政治家がにぎったことは、さらに致命的でした。官僚は完全に政治家の方へ顔をむけてしまったのです。昨今の裁量労働制にかんするデータの捏造は、まさしく海軍官僚が天皇にだした数字の出し入れと同じ発想であって、高潔さの微塵もない。現在の官僚は政府の顔色ばかりをうかがい、自らの意見をもたず、戦前以上に劣化した存在だ——半藤氏と保阪氏に共通するのは、一見平穏に見える現代民主主義のすぐ傍らにファシズム（独裁）があるのだという危機感です。あるいは戦前よりも、現代の安倍政権と官僚の「忖度」関係の方が、腐敗は進んでいるのかもしれないとまでいう。

これら長老の見方にたいし、若手の辻田真佐憲氏は少しちがった角度から、現代社会への処方箋を示します。今の時代に欠けているのは、国をまとめるための「国民の物語」であり、国家単位の「大きな物語」の復権こそが必要なのだというのです。

哲学や現代思想の領域で使用されているこの用語を、わかりやすくいうと、「国民全員が共有できる目標・理想」ということです。一人ひとりが自分を「日本人」だと感じる、一体感を共有できる目標といった意味合いです。

たとえば高度経済成長期でいえば、大卒で終身雇用のもとではたらく安定した家族像であり、三種の神器と呼ばれる家電製品を買うことであり、野球でいえば巨人軍の動向であり、そして何より一九六四年の東京オリンピックがありました。自己の成功イメージと、時代感覚が重なった状態が、「大きな物語」の時代です。

だとすれば、「忖度」をめぐる官僚の不祥事からわかるのは、次のような事態です。

今、時代状況は、戦前に匹敵する腐敗をかかえている。こうした官僚が跋扈《ばっこ》すると、時代状況全体が極端なテロリストを生みだしてもおかしくない。きわめて独善的正義観にかられた人が、マスコミにおどらされ、政治家や官僚の腐敗を糾弾するかもしれません。

と同時に、正反対の不安定な自己を抱えた人びとも大勢いる。彼らは時代に翻弄されるがままとなっている。まるで「忖度」して政治家の顔色をうかがう官僚そのものではないか。定見なく、相手にあわせて書類内容をコロコロ改ざんできる官僚たちは、不安定な時代の日本人を象徴する存在です。

「忖度」をめぐる官僚不祥事を、それ自体として批判してもあまり意味がありません。ましてや、官僚の個人攻撃など論外だと筆者は考えています。重要なのは、不祥事から明るみにできる日本の現状分析です。半藤氏らは、時代への処方箋を「気骨」の復権だといい、辻田氏は「大きな物語」の復権だといっている。しかし彼らの時代洞察も、それに応じてだされる処方箋も、残念ながら筆者には不十分としか思えません。しきりに口にする戦前官僚にはあった「気骨」とは、はたして何なのか。具体的にどうすればよいのか。

また、国民全体を巻き込むような目標、「大きな物語」を取り戻すことは、そんなに容易にできることなのか。たとえば「戦後民主主義」を擁護することが、人びとの心をしっかりとらえて離さない目標となり得るとは思えない。

筆者は「辞書的基底」が崩壊した時代こそ現代なのだと考えていますが、これは辻田氏と真っ向から対立する時代診察です。なぜなら、生きる意味を一人ひとりが自分で確定させなくてはならない時代、各自の辞書に書いてあることがバラバラな時代こそ、現代日本社会だと考えているからです。つまり「大きな物語」の復権など、容易に口にできない時代だと考えているのです。

そこで、半藤氏らとはちがう観点から戦前の思想を参照し、時代診察を深めていきます。そうすれば、「気骨」というあいまいな概念をより具体的に、日本思想史から取りだすことができるはずです。

マルクス主義からロマン主義へ

この問題を考えるうえで、戦前、とりわけ昭和一〇年代は、非常に示唆的です。先に美と政治の関係について、三島由紀夫と橋川文三の考えを比較しました。大正一四（一九二五）年生まれの三島はまだ一〇代でしたが、早熟な彼は処女小説『花ざかりの森』を出版します。戦時中の紙不足のなか東奔西走して世にだすに際して、三島の才能に眼をつけたのが学習院の国語教師だった清水文雄でした。清水は当時、『文藝文化』という同人雑誌を蓮田善明らと主宰しており、そこに三島の作品を掲載しました。

興味深いのは、三島の出発点となった同人雑誌が、日本浪曼派という日本古典愛好者の集団ときわめて近い立場だったことです。三島と同人の蓮田は、『本居宣長』や『古事記』の現代語訳などを遺し、終戦時に戦後の日本を憂い、上官を射殺したのち自死を遂げました。また『コギト』という同人雑誌を主宰した保田與重郎や亀井勝一郎、太宰治や伊東静雄といった人たちからも、後に三島は大きな影響を受けています。そして「美と政治」をめぐり、三島と論戦した橋川もまた、ロマン主義の影響下に思想形成をしていったのです。

戦後、橋川は、なぜ自分が日本浪曼派にあれほど影響を受けたのかを問うた著作を発表します。『日本浪曼派批判序説』です。そこで彼は、昭和一〇年代を理解するためには、マルクス主義とドイツ・ロマン主義がはたした役割について、正確に理解する必要があるといっています。たとえば大正七（一九一八）年に結成され昭和四（一九二九）年に解散した「東大新人会」には、マルクス主義の影響を受けた学生たちが集いました。第一次大戦と米騒動に触発され結成された団体は、世界大恐慌の年までつづいたことになります。

昭和一〇年代に先立つこの時期、世界情勢を分析し、日本の現状と将来の指針をあたえてくれた理論が、マルクス主義でした。マルクス経済学を読み込む作業は、時代を正確に理解するための共通の「ものさし」の役割をはたしました。その意味で、マルクス主義がこの時代の学生にとって「辞書的基底」の役割を担っていたわけです。

ところが、昭和八年から翌九年にかけて、マルクス主義は弾圧されてしまいます。また泥沼の戦争状態に入っていくことが確実になるのも、昭和一〇年代のことでした。年を追うごとに状況は悪化し、戦争へと没入していく。経済政策も外交政策も手詰まりとなり、打開策は失われ、社会は閉塞感に覆われていくのです。

マルクス主義の衰退に代わって、時代を席捲したのが皇国史観でした。さしあたり、日本人の精神的支柱は、「天皇＝臣民」という図式で成り立つことになったわけです。半藤氏や保阪氏が戦前に見いだす「天皇の官僚」とは、この時期に活躍した人たちのことです。むろん、半藤氏らは皇国史観を賛美しているのではなく、天皇にも臆することなく忠告できるような官僚を指して、「気骨」があるといっている。しかし、時代状況の中心にあったのは、天皇＝臣民という皇国史観だったのは間違いありません。皇国史観は、辻田氏のいう「大きな物語」の役割をはたしたようにも思えてきます。

こうした時代状況で、三島や橋川が魅了された日本浪曼派とは何だったのか。戦前の思索が、平成最後の日本を分析する際に、どのような示唆をあたえてくれるのか。まずは文藝サークルの形成に影響をあたえたドイツ・ロマン主義の特徴を、最低限、おさえておく必要があります。

古典的な研究書『政治的ロマン主義』（カール・シュミット）によれば、ドイツ・ロマン主義は古典主義への強烈な違和感からはじまりました。具体的にはゲーテの作品こそ古典主義の典型であり、文学者にとって、絶対的な基準・規範の立場にあたります。古典主義の「後」の運動であるロマン主義は、だから古典主義への反発として起こりました。絶対的な基準やルールへの反発、強烈な個性の主張こそロマン主義の第一の特徴です。

ルールへの反発という点に注目せねばなりません。これは筆者の言葉でいえば「辞書的基底」の破壊を意味します。また、人びとが共有可能な目標の喪失という見方をすれば、「大きな物語」の終焉を意味しています。

つまりドイツ・ロマン主義が、ゲーテという基準を見失った時代の思想であること、これがマルクス主義退潮後の日本の学生や知識人を魅了したというわけです。ゲーテであれマルクス主義であれ、世界観を提示するような巨大な思想が終わった。昭和一〇年代の知識人は、各自がバラバラになってしまった状況を、ドイツ思想に重ね合わせることで理解したのです。

要するに、ロマン主義的な気分が登場してきた背景には、社会全体から人びとのつながり、共有できる価値観が奪われ、剝きだしの「自分」が姿をあらわした時代があった。自分自身が眼の前の世界を色分けし、善悪を決定する最終根拠になったのです。

不安定で「宙づり」の自分自身

しかし、自分自身が善悪の最終根拠であるとは、いかにも不安定です。世界秩序の最終決定者が、他ならぬ自分自身であることに、ふつう人は不安を感じるはずです。自分の判断に確信をもてず右往左往する人たちは、次のようにふるまいます。

「彼は自分自身の重心を持っておらず、具体的な経験や自己の責任に拘束されなかったから、或る考え方に心を動かされるとその考え方の論理を追って、その考え方の打出す主張の最も極端な形にまで簡単に行ってしまうのだった」(『政治的ロマン主義』)。

このシュミットの指摘が、昭和一〇年代の若手知識人には魅力的に見えたのです。他人の主張する価値観に心動かされると、すぐさま絶対的なものだと思いこみ、信じ切ってしまう。それは自分自身の根拠＝判断基準があやふやだからです。自らの気分を昂揚させ、一時的刺激をあたえてくれるものに飛びつく。一旦、思いつきが自らをとらえると、次の偶然が襲うまで心を奪われる……。

ドイツ・ロマン主義のこの自己イメージを参照すると、皇国史観は「大きな物語」だとはいえないことがわかります。日本人は、天皇＝臣民という史観に、むしろ熱狂しているだけではなかったか。場当たり的に翻弄されているロマン的心性の一事例にすぎないのではなかろうか。こうした精神状態を、ドイツ・ロマン主義は「宙づり」という言葉で定義しました。「自分自身」という存在の不安定性を、この言葉で表現しようとしたのです。執拗にこだわりをもつ「自分自身」の中身は、とても空虚なのです。

昭和一〇年代の日本人の多くは、皇国史観にとらわれていた。それに同調できない知識人たちは、より深く時代の病理を診断しました。皇国史観は一時的な熱狂にすぎず、「大きな物語」にはなり得ない。閉塞する社会状況を打開する処方箋ではない。逆に自己は不定形な存在であること、人びとが共有できる時代の特効薬、諸問題を一発解決してくれる正解などない――こうした「宙づり」の感覚こそ、日本浪曼派が、ドイツのそれから受けとったメッセージでした。三島や橋川らの心をとらえたのは、このような「自己」と時代のイメージだったわけです。

ロマン主義化する現代日本

これら昭和一〇年代の思想が、「忖度」問題でゆれた平成最後の日本にも、多くの示唆をあたえることは、いうまでもありません。おびただしい情報の洪水に呑み込まれ、何を基準にして善悪の価値判断をすればよいかに困惑する。結果、「新しい」ものに飛びついて、新商品を身につけることで、つかの間の「自己」満足を得る。しかしすぐさま、古くなることを恐れて消費しつづける不安定な自己自身がいるばかりです。

この社会現象と、政治家の思惑を憶測し、定見をもたずに揺れ動く官僚はおなじ精神の病を抱えている。「忖度」にあけくれる官僚は、戦後の日本人を映しだす鏡なのです。彼らは、ドイツ・ロマン主義が「宙づり」と定義した人間観と、類似の状態におちいっている。情報化社会を生きる日本人は、商品のイメージや、他人の発言に左右される自己喪失者たちの群れであり、空虚な自己のなかに、つぎつぎに商品を放り込む。でも、底がぬけているので、充たされることはないのです。

こうした状況で、官僚たちに「気骨」を要求し、「大きな物語」の復権を性急に主張するのは、妥当な処方箋とは思えません。自分自身はもちろん、社会全体もバラバラであり、移ろいやすい状況下で、「これこそ、目ざすべき共通目標だ！」と叫ぶのには、最大限の慎重さが求められます。

ワンフレーズで社会を分断するトランプ大統領が、それでも根強い人気があるのは、社会の見通しをよくするからです。善意の集団が悪を叩く。悪の集団がこの世に存在することで、共通の正義観をもつ集団ができあがる。社会全体がバラけていて、複雑さを増し、不透明な時代ほど、偽ものの正義が人びとを強くつなげてしまうのです。

だから現代社会で「大きな物語」を強調するのは、よほどの慎重さが必要です。正義観をもつ彼らの多くは、とても「マジメ」です。善意から声をあげている。そして、よい社会、正しい社会をつくろうと呼びかける。だが善意が排除や分断を生みだすかもしれない。思惑を超えた結果が生まれる可能性を、つねに念頭に置いておかねばなりません。

カリスマ登場の時代要因

この点についても、ドイツ・ロマン主義は預言的でした。たとえば、ヒットラー登場前夜のドイツは、ワイマール体制と呼ばれる自由主義的な議会制民主主義がおこなわれていた。あらゆる価値観の多様性を重んじる自由主義が、ワイマール体制の特徴でした。自由主義では、人びとの「会話」が当然、重視されます。政治ばかりでなく、経済や道徳をめぐって、すべてはおしゃべりの材料とされ、饒舌に議論がくり広げられていた。

これは現在でも、誰もが賛同しそうな理想的な状態です。しかし長続きせず、ヒットラーの登場をうながした。それはなぜか。

たとえば、今そこに戦争や津波、つまり非常事態が迫ってきているとしましょう。すると複数の価値に序列をつけないで、終わることのない議論とおしゃべりに興じていては、何も決められません。その間にも危機は襲いかかってくる。このばあい、自由主義者は何ごとも決定できない。他者の意見の尊重という美辞麗句では、政治的決断はできない。国際情勢が危機を孕んでくるなかで、ワイマール体制はこうした批判にこたえることができなかったのです。

それに終止符をうったのは、カリスマの登場でした。政治とは、味方と敵とを二分化し、戦争をも厭わない決断をくだすことである。決断をくだせる人物が「主権者」であり、それがヒットラーの登場をうながしたのです。

半藤氏らをふくめ、多くの識者が現在、戦前のヒットラーの登場と、安倍政権の体質を重ねあわせて批判します。しかしより深く考察を進めるためには、戦前のロマン主義を参照し、現在が「極端な社会」になる傾向があることをまずは把握すべきです。独善者と自己喪失者の同居がなぜ起きているのかを、理解しておく必要があります。

戦前の「宙づり」に悩む人びとの心をわしづかみにし、つかの間の安定をあたえたのは、皇国史観でした。皇国史観によって結束と安定を欠いた人びとの心を、一時的に団結させることができた。現在でいうと、安倍政権の「美しい日本」や「一億総活躍」といった言葉が、国民の集団化をイメージさせる言葉として批判されています。

しかし、安倍氏への人格批判をふくめた個人攻撃には、ほとんど意味がありません。もっと広角的な時代診察をしなければ、首相の退陣要求ぐらいしか処方箋もでてこない。しばしば「与党と野党に政策上の対立点、争点がない」とされ、だから現状変更する気がない「現状維持型保守層」が、自民党を支えているといわれます。この事実からわかるのは、たとえ安倍氏個人を否定しても、次に政権トップの座についた人もまた、同様の批判にさらされるだけだということです。時代状況が同じである以上、当然です。

筆者にとってむしろ恐ろしいのは、個人攻撃の渦中で、ミニ・カリスマとでも呼ぶべき存在が暴力とともに登場することです。テロリストの朝日平吾が、安田善次郎を暗殺した。すると、その影響下に今度は首相だった原敬が、一八歳の青年に命を奪われた。自己絶対化に心をわしづかみにされた若者が、時代の舞台を引き回してしまった。決定的な政治の危機を生みだしたのは、実は、名もなき市井の青年だったのです。安倍政権叩きもよいのですが、こうした戦前の事実を、きちんと押さえておく必要があります。

丸山眞男が注目した「天道」

ではあらためて、「気骨」をもつべきだ、「大きな物語」を復権させるべきだという主張について考えてみましょう。参考になるのが、政治思想史を専門とした丸山眞男の考察です。戦前の政治体制を分析した論文「超国家主義の論理と心理」でデビューした丸山は、そこで「無責任の体系」という概念で、日本を分析しました。

日本の権力中枢にあった人物は、「それは上官の命令に従っただけだ」と一様に口をそろえる。そして最上位の者は、「天皇の命令によるものだ」と責任逃れをいう。では最高責任者の天皇はどうかというと、今度は歴史をはるかに遡り「天壌無窮《てんじょうむきゅう》」、つまり歴代の天皇の意思を受け取っただけだということになる。ここで問題は、彼らが結局、自己の主体的決断によって政治をおこなっていないことにあります。「無責任の体系」と丸山が名づけたのは、こうした決断をくだせない戦前日本人の傾向を強調するためでした。

この丸山の論理構成は、ロマン主義における決断できない「自分」、人に左右されてばかりいる自己を彷彿とさせます。また、上位の人が考えているであろうことを実現したに過ぎない、という無責任な発言は、まさしく「忖度」する官僚とおなじです。つまり、丸山の戦前分析は、現代の日本人にもあてはまる。「忖度」という言葉に象徴される行為は、実は、長きにわたる日本人の歴史的傾向かもしれないのです。

こうした傾向にたいし、丸山は、もう一つの日本人の可能性の探求に乗りだします。それが一九六〇年に発表された「忠誠と反逆」という論文です。そこで丸山は、幕末維新期にまでさかのぼり、日本人がどうすれば「無責任の体系」あるいは「忖度」的な態度にならずにすむのか、日本人のもう一つの姿を描きだそうとしたのです。

とりわけ面白いのが、頼山陽と内村鑑三との関係です。ふつう、儒学思想と聞くと、封建的で古臭い思想、近代化に反する思想だと考えるでしょう。実際、筆者自身も、ある新聞取材で儒学について聞かれた際、「儒学と聞くだけで右翼的だ、教育勅語の復活だと怒る読者が多数いる」といわれたことがあります。しかし、実際の幕末維新期を見てみると、儒学のはたした役割がまったくちがうことがわかります。

たとえば、儒学思想のなかでも著名な概念に、「天道」があります。丸山は、儒学が集団への無条件の忠誠をもとめる保守的な性格ではなく、むしろ、原理への忠誠を教えることに注目します。つまり、「天道」という原理を幼少期から学習していたことで、幕末の志士たちは、眼の前の江戸幕府が絶対的な政治体制ではないこと、相対的であることに気づくことができたというのです。

西郷隆盛や頼山陽など、儒学を学んだ者こそが幕府を倒し、日本の「近代化」の担い手となった。丸山は、この逆説に注目しています。さらに西郷や頼山陽の「天道」思想を、後にクリスチャンの内村が高く評価する。『代表的日本人』の巻頭は西郷であり、西郷の天の思想は、キリスト教の天に匹敵すると手放しで評価しました。さらに『後世への最大遺物』のなかでは、日本文化の伝統を頼山陽の史論に見いだし、自分は頼山陽のような文章を書きたいのだ、とまで内村はいっています。クリスチャンの内村が西郷や頼山陽に賞賛をおしまない。この事実におどろきを感じるなら、いかに自分が戦後の歴史イメージに無意識に取り込まれているかに、気づかなければなりません。

さて、「忖度」問題でゆれる平成最後の現在、丸山が歴史のなかに発見した「天道」に匹敵するものはあるでしょうか。なかなか難しいと思われます。しかし、最低限いえるのは、「天道」が、儒学の長い伝統によって育まれたという事実です。

現在の識者が安易に「大きな物語」の復権だと叫んでも、そういう国民全体を包み込むような原理は、簡単につくりだせるものではない。そして「天道」という古めかしい原理が、結果的に日本を近代化し、眼の前の政治体制にたいして健全な批判精神を育てていた。そこには、安易に他人に翻弄されるのとは、およそ正反対の確固とした自己確立があった。また、わかりやすい正解を絶叫するカリスマに取り込まれない「自分」という存在もありました。

つまり、現在のような「極端な社会」の病理とは無縁の日本人がかつては多数存在したのです。この事実を知るだけでも、精神安定剤になるのではないでしょうか。以下では、丸山眞男も注目した幕末維新期を、現代社会との関連から、もう少し追いかけてみたいと思います。

四 「流行」が国家を潰す——西郷隆盛論

小英雄から大英雄への反転

二〇一七年、『応仁の乱』（中公新書）が異常な売れ行きとなり、話題になりました。知人の編集者や新聞記者に聞いてみても、誰一人このブームの原因を、確信をもって説明できる人はいません。「ブームの理由が分かっていれば苦労しませんよ。それに合わせて本を出せばいいんだもの。何が売れるか分からないから、出版は水ものなんです」とは、ある新書編集長の言である。ただ、最も一般的に共有されている理由の一つに、「英雄不在の時代にマッチしているから」というものがあるらしい。

いうまでもなく、応仁の乱は、群雄割拠する勢力同士の混沌をきわめた政争の象徴であり、小さな英雄たちが跋扈《ばっこ》する。国内も国際社会も多極化し、世界を統一的に説明してくれる原理原則が不在の現在に、はるか昔の乱世が重なるというわけです。

ところで、その『応仁の乱』ブームから平成三〇年にかけて、書店では西郷隆盛にかんする本が目につきました。NHK大河ドラマ「西郷どん」を当て込んだと言えばそれまでですが、もとを正せば「明治維新一五〇年」の節目に当たっていたからです。明治維新を思いだし、その意味を考える際、西郷こそ格好の人物。一年間で、西郷本はなんと一〇〇冊以上も出版され、例年の便乗本でもダントツだと聞きました。

でもここで、二つの疑問が浮かんできます。第一に、明治維新は坂本龍馬でも勝海舟でも大久保利通でもいいのに、なぜ西郷なのか。第二に、『応仁の乱』が小英雄割拠を描いたのだとすれば、「大西郷」とも呼ばれる西郷は、まさしく英雄の典型であって正反対。この変化の理由とは何なのか。

二つの疑問に答えるのは、実はさして難しいことではありません。まず、西郷で明治維新を描くと、維新が「暗く」なるからです。龍馬なら明るく、勝なら骨太で快活、大久保なら堅調な維新像ができるかもしれない。しかし、征韓論に敗れ、西南戦争で敗死する西郷からは、死へと誘われる「暗い」色調がぬぐえません。

そして現代が、明るさよりはむしろ暗さを基調としていることは、確かなように思えます。この一〇年ほどでも、周囲は「格差社会」「原発再稼働問題」「少子高齢化問題」

など、さまざまな課題を抱えています。なぜ、こんな事態になっているのか。平成三〇年間を復習する「平成本」もよく見かけますが、さらに明治維新一五〇年という節目に魅力を感じ、西郷の暗さに、現在を投影しようとしているように思えます。

前章でみたように、無数のミニ・カリスマがいる現状で、どうすれば「大きな物語」が復活できるかが問われています。混迷だけに注目すれば、ミニ・カリスマの乱闘劇である応仁の乱でよろしい。しかし混迷から脱出する鍵を探るには、別の事件や人物が必要だ。この問いに、かつての丸山眞男は、西郷隆盛の名前を挙げていました。クリスチャンの内村鑑三も、みずからが「天」を信じたように、西郷も「天」を信じたのだと肯定した。時代が危機と不安、過渡期をむかえると、堂々と困難を渡っていったように見える「大西郷」が、復活してくるのかもしれない。

林真理子『西郷どん!』の着眼

ところで、ブームの火付け役である大河ドラマの原作は林真理子氏の『西郷どん!』です。林氏といえば、女性の複雑微妙な心理をえがき、男女関係に精通した書き手という印象があるでしょう。あるいは、みずからの繊細さを振りほどくように、『野心のすすめ』という著作を世に問い、上を向いて歩く勁《つよ》さを教えてくれる。多くの女性から共感されるゆえんです。

その林氏が大河小説、とりわけ「西郷隆盛」という男性臭のする人物を描くのは、とても意外でした。政治的駆け引きの世界、男子が血沸き肉躍る幕末維新期は、あの林真理子には似合わない主題のように思えるからです。

しかし、こうも考えることができます。人が死に、秩序が崩れていく幕末期は、もっとも赤裸々なかたちで人間模様が露出する時代でもある。信頼、友情、嫉妬、そして恋愛など、人間のすべてが噴出する時代。ならば、女性心理と男女関係を知悉《ちしつ》する作家、何より「人間」に精通している林氏こそ、この時代を描くにふさわしい。勝や龍馬をして一目置かせた「西郷どん」を、等身大の大きさで描けるかもしれません。

そう思って、『西郷どん！』を読んでみると、この小説の魅力が次第にはっきりしてきました。まずは壮年期の西郷が、離島に流罪になっていた時代を中心に、物語を描こうとしていること。また小説後半の部分で、西郷に、平成最後の日本社会に訴えかけるメッセージを語らせていることです。西郷の個人史もふりかえりつつ、一つずつ確認していくことにしましょう。

西郷隆盛といえば、勝とのあいだで江戸無血開城を成し遂げたことを知らない日本人は、まずいないと思います。活躍の中心は幕末の戊辰戦争であり、維新後は、明治六（一八七三）年の征韓論に敗北し、鹿児島にもどり、四年後の西南戦争で悲劇的な死を遂げたというのが、まずは一般的なイメージでしょう。しかし、この「常識」からはずれた時期の西郷に、林氏は注目します。

実は、西郷は薩摩藩士たちの間でも、出世が遅い人物でした。鹿児島の下級役人をしていた西郷が、政治の表舞台の空気を吸ったのは、二八歳のとき、薩摩藩主・島津斉彬とともに参勤交代の一員として、江戸の土を踏んだときのことです。「庭方役」という身分の低い役回りをあたえられた西郷は、これをきっかけに他藩との人脈をつくっていきます。水戸の藤田東湖や越前の橋本左内などと、維新の志士たちとの親交を深めるきっかけを得ます。

ところが、この時期の西郷が見た江戸は、安政の大獄にむかう江戸でした。安政五（一八五八）年、彦根藩主だった井伊直弼が大老に就任すると、日米修好通商条約に調印し、同時に徳川慶福《よしとみ》の将軍継嗣を決定。これは島津斉彬らが擁立をめざしていた一橋慶喜の継嗣計画の失敗を意味し、九月の梅田雲浜の逮捕から大獄がはじまるのです。

この一連の騒動のなかで、西郷は、二つの決定的な場面をむかえます。まずは大獄直前の七月、西郷を抜擢し、活躍の場をあたえてくれた斉彬が突如、死んでしまいます。あまりに突然の原因不明の死に西郷は挫折感を覚え、いったんは殉死を決意します。どうにか思いとどまった西郷ですが、大獄の影響で執拗な追及の手が容赦なく伸びてくる。勤皇僧として名高かった月照とともに鹿児島方面へと逃げ延びましたが、斉彬亡き後の薩摩藩は、すでに藩論を変え、西郷らを保護しようとしない。行き場を失った西郷と月照は、一一月、鹿児島錦江湾の冬の海に身投げし、入水自殺をはかりました。結局、月照は死に、西郷は生き延びます。西郷の存在を恐れた藩は、幕府の追及をかわすために、「菊池源吾」と改名させたうえで、西郷を奄美大島に流しました。

その後、三年にわたる島の生活を経験した西郷は、一旦は鹿児島に戻されたものの、斉彬に代わり「国父」と呼ばれ、実力者となった島津久光との折り合いが悪く、なんとこののち二度にわたる流罪を経験することになる。三〇代の壮年期の実に半分、足掛け五年にわたって、西郷は南島に幽閉されていたのです。

戊辰戦争最大の英雄であり、陸軍大将として功成り名遂げたイメージがあまりにも強く、また西南戦争での悲劇的な死が、西郷を英雄に祭りあげてしまった。その結果、若いころの苦労はほとんど知られていないのです。また実際に研究者のあいだでも、この時期は具体的な史料が乏しいこと、政治の表舞台から消えていることから興味をひかず、あまり注目されません。しかし林氏は、南島時代の西郷に注目し、『西郷どん！』のなかで大きく取りあげました。

江藤淳が西郷にみた「民族感情」

たとえば、二度目の流罪地・徳之島にいた際、島妻の愛加那が長男・菊次郎と生まれたばかりの長女・菊草をつれてやってきます。生まれたばかりの娘を抱いた西郷に、強い感情が襲ってきます。「おいは死にたくなか！」。

斉彬だけではない、多くの友人たちの死を目撃してきた西郷は、これまで死ぬことだけを考えてきた。生を貪ることは卑怯だとすら考えていた。しかし、愛する者がいれば、生きたいと願うのが普通ではないか。「ようやくわかった。国とは生きたいと思う者の集まりなのだ。それをすべて肯定することから政治というものは始まるのだ」。

そう思うと、西郷は改めて自分の不思議な運命を感じずにはいられません。誰かが自分に、生きて政治にかかわることを命じているのではないか——。林氏は、次のように西郷に言わせます。

「天がおいに生きろと言っちょっ」
自分で死のうと思うのは、なんと傲慢なことであったか。生死はすべて天が決めている。今、自分が激しく生きたいと思ったのも、すべて天の命じたことなのだ。（後編二四頁）

西郷に仮託して、林氏はきわめて面白いことを言っています。それは日本人にとって「政治とは何か」という問題であり、また幕末維新期の英雄にとって、政治に取り組む際に「天」が果たした重要な役割です。天が命じて、政治の世界に生きろといっている。小説はこれ以後、西南戦争へと突き進んでいきますが、ここでいったん立ち止まっておきます。政治と天の関係を、より一層あきらかにできるからです。

「西郷隆盛と政治」の可能性について、深く掘り下げた批評家がいました。文藝評論家として名高い江藤淳です。海軍大臣・山本権兵衛を描いた『海は甦える』はテレビドラマ化され、晩年には『南洲残影』で西南戦争を論じるなど、幕末以来の日本史にも造詣の深い人でした。

小林秀雄の再来とも言われた江藤は、明治維新一〇〇年にあたる一九六八年に行なわれた講演（「二つのナショナリズム」）で、西郷を勝と比較し、政治家としての資質を問いました。江藤からすれば、幕末も六八年の今も、激動期であることに変わりありません。「六八年」という年からもお分かりのように、全共闘運動が全盛期を迎えていた時に、江藤は幕末を参照し、理想の政治家像を描こうとしたわけです。

万延元（一八六〇）年、三八歳の勝は、日米修好通商条約の批准書交換のために咸臨丸に乗船し、サンフランシスコで使命を果たすと、五月、浦賀に帰ってきました。しかし国内情勢は一変していました。

渡米の直前は、安政の大獄の時期にあり、井伊の断行した日米修好通商条約締結に勝は幕臣として参加していた。その井伊が、三月に水戸藩士によって暗殺される事件（桜田門外の変）が起きていた。このとき西郷はちょうど、奄美大島へ流罪にされている時期で、井伊暗殺を聞いて驚喜したといわれています。

この水戸派による暗殺を、江藤は「民族感情」と名づけ、「ナショナリズム」と区別しようとします。勝は開かれたナショナリズムの側にいたのであり、水戸側の攘夷論を民族感情であると批判したのです。そして西郷が所属した薩摩藩にたいしては、水戸藩士と同様だとして、批判的な評価をくだします。くわえて、後の鳥羽伏見の戦いで、薩長維新政府は勝利したものの、国際的窓口である長崎の海防を怠っていた。つまり、国内の対立のみに眼を奪われ、「国家」という全体を俯瞰することができなかった。よって西郷への評価も、著しく低いものとなります。

西郷には、世界情勢についての知識などはほとんど皆無にひとしい。彼の思想は陽明学で、「敬天愛人」というような東洋的な思想を一歩も出ていない。しかし、まさにそうであるが故に、西郷はその人格を民族感情の象徴とすることができた。（中略）民族感情というものは、だいたいいつでもこういうものです。「反体制的」民族感情というものが、つねにそれ自体革新的な意義を持っているということはない。（六〇－六一頁）

ここで江藤が、西郷を「反体制的」民族感情の持ち主だといっていることに注目してください。幕府を当時の体制と考えれば、西郷や水戸の激情派は反体制になります。江藤によれば、勝は、反体制派でなかったのはもちろん、江戸幕府擁護の体制派でもなかった。勝は、幕府／反幕府という二項対立を俯瞰し、蜃気楼のようにおぼろげにしか見えていない日本という「国家」に殉じようとしていた。このようにいうのです。

たいする西郷への評価は、かなり低い。理由は、感情的で非合理的な「民族感情」に踊らされているからというものです。しかもそれは、陽明学と敬天愛人という古色蒼然とした東洋思想に由来している。つまり儒学の「天」という古い思想に基づいて、政治をおこなっている点が批判されています。

こうした批判をする背景には、六八年当時の江藤の政治観があります。ここで西郷を執拗に反体制派に位置づけ、勝をもちあげているのは、当然、自分と勝を重ね合わせているからに他なりません。六八年当時の体制は自民党です。たいする反体制は社会党のほかにも、多くの学生たちが含まれます。

江藤は、このいずれの立場からも距離をおく自らを、勝に重ねている。自民党政治にも、もちろん問題がある。しかし、ただ情緒的に批判だけをくり返す学生運動にも組することはできない。一九六〇年の日米安保条約改定当時、進歩派の知識人はアメリカとの外交関係を考慮にいれず、単に「民主主義は日本に根付いたか、否か」という国内問題に切り替え、岸政府を批判しつづけた。それと同様の傾向が、六八年の反体制運動には見られた。つまり、国際関係から考えるべき課題を、国内の権力と反権力、あるいは民主主義の是非にすり替えた。幕末でいうと、薩長が長崎の海防を怠りながら倒幕運動を担っているのとおなじに思えたのです。

世界をひろく俯瞰する視点が、儒学や「敬天愛人」の思想にはまったくない。日本という「国家」が、対外的危機に侵されている現実を、なぜ直視しないのか。感情に駆られただけの愛国心を、江藤は批判しました。激情に駆られた水戸藩士は桜田門外の変というテロリズムを断行し、西郷もそれと同じ死の匂いのする側の人間だと捉えている。つまり、みずからの命を失うことを厭わない憤激を、西郷に見ている。そして西郷の存在を、六八年全共闘運動まで引きずる、日本の悪しき傾向の象徴と見なしているのです。

だとすれば、林氏の西郷像とは、ちょうど正反対の評価を江藤はくだしていたことになります。林氏は、「生きるための政治」を西郷に発見していた。江藤が勝に見いだした政治家像を、林氏は西郷に読み取っている。ただ、両者に共通しているのは、政治とは「生」の論理であり、静かに秩序をつくりつづける営みだということです。

佐藤一斎「天人合一」思想のエネルギー

しかし江藤の西郷評価には、実は、誤りが含まれています。西郷が反体制的である理由を「敬天愛人」と陽明学のせいだと指摘するのは、史実から見て完全に間違っているのです。林氏が注目した「天」をめぐる議論が、ここで重要な意味をもってきます。西郷に「生死はすべて天が決めている」といわせていることの重要性に、注目する必要があります。

日本思想史の研究によれば、「天」という抽象的な概念が、重要性をもってくるのは、「寛政異学の禁」以降といわれます。禁令がだされた寛政二（一七九〇）年以降を、「儒学史の幕末」と呼ぶ研究者もいます。この年、幕府は、儒学のなかでも朱子学を正統な学問として認め、特権的に重視しました。その結果、役人登用試験にもつかわれたことから、各地に藩校が急増していくことになった。藩校設立は、藩政への参加に門戸が開かれたことを意味し、儒学の大衆化が一気に進んで行きます。政治が、人びとにとって身近なものとなり、みずからの問題として意識されるようになるのです。

とりわけ影響力をもったのが、昌平坂学問所の儒者・佐藤一斎でした。彼は朱子学の傍ら陽明学にも精通して人々の尊敬を集め、多くの人材を輩出することに成功し、一斎のもとで学んだ儒者が、地方の知識人として藩校の先生になります。一斎が四二歳から八〇歳まで書きつづけた箴言集『言志四録《げんししろく》』は、西郷が一〇一カ条を抄出し座右の書としていました。

一斎の思想の第一の特徴である「立志」は、つよい内面の重視、自負心のことを意味します。これは、当時の大衆の上昇志向に当てはまるものでした。そして第二の特徴である「天人合一《てんじんごういつ》」思想こそ、ここでの論点に深いかかわりがあります。

一斎が説いた内面の重視は、それと同時に、「天」との一体化をつよく求めるものでした。でも天と人が合一するなどという話は、今日の日本人からすれば、理解不可能な空想にも思えます。なぜこのような抽象的な概念と、自己との一体化がある真実味をもって強調されたのでしょうか。

答えは次のようなものです。寛政異学の禁を経て、一八〇〇年代に入ると、日本近海には異国船がしばしば姿を現します。現実における海防の危機、対外的な危機が出現し国際情勢が混沌としてくると、国内の政治体制にも動揺と亀裂が生まれます。いいかえれば、従来の価値基準が通用しない社会状況に入ったということです。

昨日までの価値観や秩序は、外圧によって明日には瓦解しているかもしれない。国内の上下関係の序列はもちろん、常識すらすぐに覆されてしまうかもしれない——こうした秩序の危機こそ、筆者がくり返し「辞書的基底」の喪失と呼んでいた事態です。何が善悪の基準なのか、何が正しいのかが不明瞭になる時代。自分と世界との関係性があやふやな状態になった結果、みずからのこれまでの身分や常識を棄てて、「この世界を変えねばならぬ」、あるいは「自分はこの世界でどこに位置づいているのか」、「世界を変えようとしている自分とはそもそも何者なのか」という激しい問いが、人々の心に湧きあがってきたのです。

社会関係が流動化した結果、自分の位置づけがあいまいになる。丸裸となった自己とは何か、世界とは何か、という問いが幕末期の多感な青年たちをとらえます。「敬天愛人」を説いた西郷は、もちろんそうした日本人の一人でした。幼少期から儒学を叩き込まれていた西郷もまた、みずからの社会における位置づけ役割を問い直すことになったのです。

つまり寛政異学の禁による儒学の大衆化と、対外的な危機意識が重なって、強烈な自負心をもつ者が現われた。彼らは、みずからの政治的役割を意識し、死をも厭わず決断する。その際、「自ら欺《あざむ》かず、これを天に事《つか》ふと謂《い》ふ」という言葉を残しています。自分を欺かないで行動すること、これは「天」に仕えていることと同じであり、「天」が自分に命じたからこそ、困難な政治的局面に飛び込むことができる。天と自己との関係を、このように考えたのです。つまり、混沌とした社会関係にあって、「辞書的基底」を「天」にもとめたということに他なりません。大衆化した儒学思想「天」によって、人びとが共通してもつことができる政治目標ができた。儒学思想こそ、近代化に邁進する幕末の志士たちを生みだすエネルギーだったわけです。

こうして「天人合一」思想という抽象的にみえる概念が、幕末期の日本人の心をわしづかみにしました。生死の境目のない状況に身を置くことを可能にしたのは、「天」と自己との関係を意識し、天命を感じ取ったからなのです。だとすれば、「生死はすべて天が決めている。今、自分が激しく生きたいと思ったのも、すべて天の命じたことなのだ」と西郷にいわせた林氏は、かなり鋭いといわねばなりません。

一方で江藤が、決定的なミスを犯していたことも分かります。なぜなら、江藤は西郷の「敬天愛人」を、東洋的で前近代的な思想という理由で否定しているからです。しかし実際には、西郷に典型的なように、封建的でしかも復古的にみえる儒学の「天人合一」思想を身に着けた人たちこそが、幕末維新で活躍し明治国家をつくった。日本の

「近代化」は儒学思想という古い思想をテコにして、はじめて可能だったのです。

古い思想が新しい時代を生みだす逆説、封建思想が近代化の原動力になるという事実を、江藤は完全に見落としていました。廃藩置県や徴兵制など、多くの改革は西郷なしては実現しなかった以上、儒学思想を身に帯びた日本人によって近代化は実現したことになる。「天」という「辞書的基底」を握りしめて離さなかった者たちが、日本の黎明を支えたのです。

植木枝盛が陥った自己神格化

以上の「天」をめぐる議論は、前章の議論と深いむすびつきをもっています。

戦前の日本人が、ドイツ・ロマン主義の影響を受けながら「宙づり」の感覚に悩んでいたこと、社会と自己との関係性が解体して、あいまいな状態に陥っていたこと、また定見をもたず他人の意見に左右された戦前の日本人は、「忖度」に明け暮れる現在の官僚を彷彿とさせることを指摘しました。そのうえで処方箋のヒントとして、丸山眞男の論文「忠誠と反逆」を取りあげました。

西郷や内村鑑三といった丸山が好意的に評価した人物は、みな「天」によって自己を支えられていた。より詳しくいうと、「天人合一」思想を体得していたことで、近代化をおしすすめることができたのです。

にもかかわらず、幕末維新期を過ぎると間もなく、英雄たちの時代が終わります。倫理学者の竹内整一氏によれば、植木枝盛がその象徴です。自由民権運動の思想家として著名であり、フランス思想に精通してみえる植木は佐藤一斎から大きな影響を受けており、『言志四録』を愛読していました。西郷が同書から抜粋集『手抄言志録』をつくっていたことを思えば、西郷と植木には、一斎という共通の地盤があったことになります。

しかし西郷にあって、植木には決定的に欠如したものの存在を、竹内氏は次のように指摘しました。植木の随筆集『無天雑録』は、その書名からもあきらかなように、「天」の存在を否定している。その結果、「吾に天無し。我を以て天と為す。夫《そ》れ吾は天地の紀元、万物の根本なり」と主張することになったのです。

西郷の自己の背後には、「天」という支えがあった。しかし、植木には支えがありません。ただ単純に、自己こそすべて、という自己絶対化が起きてしまっています。ふつう、この植木の自己主張は、自由民権の人らしい近代的な自己の権利の主張、自由の主張だと思われています。しかし竹内氏によれば、事実はそうではなかった。植木の自己絶対化は、剝きだしの感情にゆれ動く「自己神格化」に陥ってしまったというのです。こうした人物が、テロリズムをふくめた非常に暴力的な行動にでる可能性は否定できません。竹内氏は、植木の思想的立場を、幕末維新期の志士グループと近いものだと指摘しています。つまり桜田門外の変など、一連のテロルをおこなった激情派の系譜に、植木を置いているのです（『自己超越の思想』）。

つまり佐藤一斎は、二種類の日本人を生みだしてしまった。西郷のような、「天」を背後にもつ大英雄と、植木のような、「天」を見失い「自己神格化」に溺れたミニ・カリスマ。そこに、後の時代の「宙づり」に左右される日本人を加えると、日本人の典型をある程度、把握できるのではないでしょうか。「天」をめぐる一連の話は、現代日本社会を考える際にも、大いに役立つ仮説だと思うのです。

「鉄の国」か「農の国」か

ところで、『西郷どん！』は、南島流罪中の西郷に「政治」と「天」について語らせた後、西南戦争の描写へと進んで行きます。遣欧使節から帰国した大久保と、留守政府を担っていた西郷は対立を深め、征韓論で激突。明治六年に下野した西郷は、その後、鹿児島にひきこもり、やがて明治一〇年の西南戦争をむかえます。

　ふたりの対立を、林氏は、目ざすべき国家観の違いとして描くことに成功しています。西南戦争の際、西郷とともに戦死した人物に村田新八がいますが、彼は大久保らとともに使節団の一員として洋行し、数年に渡って欧米で学びました。当時、日本きっての西欧通であった村田に大久保は大いに期待し、内閣制度ができたあかつきには、初代内閣総理大臣になるだけの器があるとまでいった。その村田は死を覚悟して鹿児島に帰り、そして西郷に殉じたのです。

　林氏は、村田に次のようにいわせています。「しかし吉之助さあ、ヨーロッパやアメリカがそげによかもんじゃろか」。もちろん、西郷は洋行帰りの村田の発言を不思議がります。たいする村田は次のようにつづけます。フランスやイギリスは汽車が走り工場からは煙が噴いている。しかし、そこで暮らしている人々は、あまり幸福そうには見えなかった。自分は、米もろくにできない田舎育ちだ。土の上で、陽を浴びての貧乏暮らしなら耐えられる。だがロンドンやパリの貧乏は、陽の当たらない建物のなかで、ネズミのように暮らしている。これが、自分たちが目指すべき理想の国家像なのだろうか……。

この問いにたいし、西郷は俺たちアジアの国々は「土の国」、つまり農業を基礎とした国である。そして「鉄の国」ヨーロッパに対抗せねばならないのだと応えます。つまり林氏は、大久保が「鉄の国」の論理で国づくりをするのにたいし、西郷には「農業こそが国の基」だといわせている。鉄は資本主義の象徴であり、現在の私たちにまでつづく産業立国をイメージさせます。たいして西郷はもっと土臭いもの、アジア的な香りのする農業による国づくりを提案しているのです。

平成の日本は、高度成長以来の経済成長路線に限界がきています。「鉄の国」の論理で始まった日本の国づくりは、一五〇年目をむかえた現在、否応なく出口に立たされている。筆者がいう「辞書的基底」の解体とは、一五〇年間、日本を牽引してきた理想と目標の終わりを意味しています。そこで西郷に注目すると、「天」あるいは「農の国」という概念の重要性が浮上してくる。西郷は、現在の日本人とは逆に、近代の入口で「鉄の国」の論理を懐疑した最初の思想家でした。現在は近代の出口であり、近代化のひずみが限界に達し、異なる社会づくりと国家像が求められている時代です。そのとき、近代の最初期に近代化に抗議し「農の国」を対置した西郷は、非常に面白い存在だといえるでしょう。

ここでは最後に、西郷自身の言葉から、次の時代を指し示す国家像を引用しておきましょう。西郷の言葉を、後に庄内藩士がまとめた言行録『西郷南洲翁遺訓』には、次のような言葉が残されています。

國に盡《つく》し家に勤むるの道明《あきら》かならば、百般の事業は從て進歩す可《べ》し。或《ある》ひは耳目を開發せんとて、電信を懸け、鐵道を敷き、蒸氣仕掛けの器械を造立し、人の耳目を聳《しょ》動《うどう》すれ共《ども》、何に故電信鐵道の無くては叶《かな》はぬぞ缺《か》くべからざるものぞと云ふ處《ところ》に目を注がず、猥《みだ》りに外國の盛大を羨み、利害得失を論ぜず、家屋の構造より玩弄物《がんろうぶつ》に至る迄、一々外國を仰ぎ、奢侈の風を長じ、財用を浪費せば、國力疲弊し、人心浮薄に流れ、結局日本身代限《しんだいかぎ》りの外有る間敷《まじき》也。

国に尽くし、家を治める道がはっきりすれば、あらゆる事業は前進可能である。見聞を広めようと、電信を架け、鉄道を敷設し、蒸気機関車をつくって、人々を驚かしても、何のために電信や鉄道がなければならないのか、必要不可欠なのかという点に注意せず、やみくもに外国が盛況なのを羨んでしまう。そして利害得失を論じないで、家の構造からおもちゃにいたるまで、一々外国を仰ぎ見て、贅沢な風潮となり財政を浪費すると、国家は疲弊し、人々の心は浮ついて、結果的に日本は今の世代で滅びるほかなくなるのだ――。

ここで西郷は、電信や鉄道といった産業化をおしすすめる際、なぜそれが日本にとって必要なのか、取捨選択の基準は日本人自身が定める他はないのだといっています。夥《おびただ》しい数の選択肢を前にして、人は自らの「ものさし」を持たなければ、選択することができません。眼の前に三種類の食糧があるとして、どれを選んでも構わないといわれたばあい、三つの食べ物に順位づけをし一番食べたい物を「選ぶ」には、なにがしかの基準が必要になるのです。怒濤のように流入する西欧文明にたいし、西郷は、日本は国家としての基準を設定し、取捨選択すべきだといっている。でないと国力は疲弊し、日本は潰れるとまでいっている。近代化にともなう日本のアイデンティティの喪失を、深刻に憂いているのです。

だとすれば現在の日本に欠けているのは、「気骨」でも「大きな物語」でもなく、国家としての価値基準ではないでしょうか。日本人は結局、自らの国をどのような特色ある国にしたいのか。どのような秩序を再形成したいのか。「新しい」ことだけが価値基準となった現状は、西郷にいわせれば「人心浮薄に流れ」ているると指弾されるでしょう。新規性の追求は、「速度」を必要とします。新しいことに即座に対応することを迫られる。つねに「次」に向かおうとする心には、休む暇がない。回転数を速め、停止することができない。変化に対応するとは、つまり精神の落ち着きを犠牲に供する生き方であり、これこそが近代化の帰結なのです。

日本人が他国や流行を価値基準にするかぎり、「人心浮薄」となり、「国力疲弊」は避けられない。日本は国家として、安定した基軸を持つことができないからです。不安定で「宙づり」に悩む自己と、「自己神格化」（植木枝盛）に等しい正義観を振りまわす人びとに分裂した現状を、西郷ならどう評価するでしょうか。

丸山眞男は西郷の「天」に注目し、不安定な自己に輪郭を持たせようとした。林真理子氏は、西郷をつうじて「農の国」を強調し、資本主義の断末魔にあえぐ日本にアジアの匂いの復活を問いかけ、現状突破の方法を示そうとした。つまり西郷は、日本の未来の国家像にも多くの示唆をあたえてくれるのです。

五　「おことば」が象徴したもの――ポピュリズム論

生前退位報道への三種の反応

先の天皇陛下（本章では以下、陛下とする）は、数年前から象徴としての務めを果たすことが困難となったばあい、象徴の務めについて、どのように考えればよいのかとの思いを、周囲に漏らしていたといわれています。即位後まもない平成二（一九九〇）年、一一（一九九九）年の即位一〇年の会見、さらには二一（二〇〇九）年のご成婚五〇周年など、複数回にわたって「象徴とはどうあるべきか、ということ」に言及されていました。思えば、戦後の現行憲法下ではじめて即位した陛下は、自身の行動によって象徴天皇像をつくりあげる必要に迫られていたのです。自らが初代であり、象徴の自己像形成者だという意識があったのかもしれません。

平成二八（二〇一六）年夏、いわゆる生前退位報道が列島を駆けめぐり、八月八日午後三時、ビデオメッセージで「おことば」が流れた際に、筆者はマスコミで流れる関連報道に違和感を禁じ得ませんでした。それを見るかぎり、まず大半の国民は発言内容にふかい理解を示し、高齢である以上、退位するのは当然だといった論調が支配的だったと思われます。これは年齢という生物学的条件から、天皇の退位を容認するということを意味します。

次に、右派と左派的立場の識者の対立がありました。右派を改憲派、左派を護憲派といいかえた方が、わかりやすいかもしれません。ところが今回の左右の対立は、一見するときわめて奇妙な、類例のない対立となりました。なぜなら憲法観をめぐって対立する両派が、象徴天皇を支持する点ではおなじだったからです。いや、むしろ左派護憲派のひとたちの方が、「陛下はりっぱな護憲派であり、今回の退位表明は一個人としての意志表明であり、『平成の人間宣言』である。改憲派の方こそ天皇の御意志に反する勢力だ」、このように批判しました。左派が天皇支持者になったのです。いっぽうの右派改憲派は、「陛下の退位表明は、天皇の神聖性をおかすものであり、慎んでやめていただくべきだ」というもので、天皇制それ自体は肯定しつつも「おことば」には終始とまどっていた感があります。

こうして「おことば」の波紋は、大きくわけて三種類にわかれました。陛下個人の心身の限界、つまり生物学的観点で受け止める大半の日本人。次に、「おことば」を「平成の玉音放送」「平成の人間宣言」だと主張し、天皇みずからが戦前の神聖性を否定し、護憲の立場を表明したものだと受けとる左派的知識人。そして最後に、発言を困惑をもって受け止めつつ、天皇の神聖性を保持しようとする右派。彼らの多くは、同時に改憲派でもあります。

筆者はこの三種類の立場は、いずれも「おことば」の真意を受けとっていないと感じました。平成最後の今、聞き取るべきメッセージを聞けていないと思ったのです。多くの日本人の受け止め方、天皇一個人の肉体の限界で今回の発言を納得し、処理しようとする議論はまちがいである。と同時に、左右の二者は論外であると考えていました。護憲と改憲の議論に天皇その人を巻き込んでいるだけでも、すでに政治利用でしょう。天皇の政治利用がいかに危ういかは、屢説《るせつ》するまでもない常識です。天皇みずからが、「国政への権能を有さない」と慎重に言葉を重ねているにもかかわらず、憲法問題に引きずり込もうとしている。そのガサツな手つきに嫌悪すら感じました。

では今、「おことば」から日本人が受け止めるべきメッセージとは何なのか。すでに三年近くの月日が経っていますが、国のかたちについて考えるのに、このぐらいの時間がかかるのは普通だという感覚を、まずはもっておきたいものです。

和辻哲郎の象徴天皇論

ここで日本人が当然のように使っている「象徴」という概念について、最低限の定義を知っておく必要があるでしょう。参考になるのが、戦後、象徴天皇制度について積極的に発言した和辻哲郎という学者です。

大著『倫理学』を書いた倫理学者であり、日本の文化史・思想史にも精通していた和辻は、戦後、象徴天皇制を全面的に擁護する議論を展開しました。敗戦の混乱期には、「天皇制打倒」を掲げる議論が飛び交うなかで、和辻の論文はジャーナリズムから黙殺され、右派的御用学者だと非難されることもありました。しかし、そうした困難を乗り越え、現在では学界でも参照すべき重要な天皇論となっています。

その論点の核心とは何か。最重要の指摘は、象徴天皇がはるか武家政権以前の日本の文化的伝統につながっているという主張です。和辻によれば、敗戦後の日本国憲法にある象徴規定は、はるか古代の伝統的な姿への回帰だというのです。戦前から日本文化史の研究に没頭していた和辻は、『尊皇思想とその伝統』などの天皇をめぐる思想史を著しており、天皇とは「国民の全体性を表現するがゆえに生じた権威であって、国法の定めによりはじめて成立するのではない」こと、だから「厳密な意味での国家の成立に先立って存し、また国家の統一が失われた時にも存続した」事実を発見したのです。

国家というものは、法律によって規定されてはじめてできる共同体である。しかし、天皇はそれに先立ち存在する「文化共同体」にかかわる。文化はたとえ国家が解体したとしても継続します。現行政権が、政権奪取や外国による占領その他の理由でコロコロ代わったとしても、人々が営む文化的営みに大きな変化はおきないことを考えると、和辻の文化共同体の意味が理解できるでしょう。

そのうえで、次の文章を読んでみましょう。明治憲法と武家政権時代、すなわち封建制度との関係性に注目すると、和辻の主張の意図がわかります。

明治維新によって封建制度が打破され、天皇統治の伝統が再び力強く生かされた時、人々は「法による統治」の精神を新しく法律・制度の上に実現したが、天皇と国民との関係を新しく把握し直す努力においてははなはだしく徹底を欠き、きわめて不用意に封建的君臣関係をそのままここに適用しようとしたのである。（「封建思想と神道の教義」）

明治維新によって江戸幕府が倒されたのだから、当然、封建制度は終わりました。すると天皇の存在が急浮上してくるのですが、法律によって近代国家を形成していく過程で、明治新政府は決定的なミスをおかした。なぜなら法律によって国家をつくり、天皇の伝統も復活させたが、天皇と日本人の関係性はつくり間違えたと和辻はいうのです。封建制を打破し、立憲主義を採用したにもかかわらず、近代化は政治的次元にとどまり、天皇と日本人の関係性は「不用意に封建的君臣関係」を温存してしまった。

鎌倉時代以来つづいてきた武家政権を倒したにもかかわらず、明治新政府は、君臣関係を強制した。これは武士の倫理思想の特徴であり、「ご恩と奉公」による直接的で、しかも情緒的な結合関係なのだと和辻はいいます。近代国家として出発したはずの明治時代は、天皇と日本人との関係においては全然、近代化されていない。封建時代のままだったのです。

だから和辻は敗戦の結果、象徴天皇制になったことを歓迎しました。天皇と日本人の関係が、君臣関係から武士以前の理想的なものへと戻ったからです。戦後、はじめて成立したかに見える象徴天皇と国民の関係は、和辻からすれば古代への健全な復帰、伝統への正しい回帰に思われた。封建的君臣関係という覆いがようやく取れた。それを「文化共同体」の連続性への復帰だと、和辻は歓迎しているわけです。

以上からいえることは、まず、現行憲法下で象徴天皇となった陛下は、むしろ伝統につながった存在なのであって、「初代」としての苦悩と責務を感じる必要などなかったのです。在位していたこと自体が、時間のつみ重なりを体現し、文化共同体を象徴しているのですから。

にもかかわらず、陛下が「次第に進む身体の衰えを考慮する時、これまでのように、全身全霊をもって象徴の務めを果たしていくことが、難しくなるのではないかと案じています」と苦衷《くちゅう》の思いを吐露し、側近に「日々のお務めの重み、ご心労の大きさ」（風岡典之宮内庁長官）を痛烈に感じさせてしまった原因、そこまで陛下を追い込んだものとは、いったい何なのか。

筆者は、大多数の日本人のように、高齢という生物学的理由だけでは説明できないと考えています。むしろ現在の日本人が、和辻が定義している文化共同体としての天皇像、象徴天皇論を完璧に忘れていることに、苦悩の理由があると思うのです。

「おことば」が象徴する日本人の窮地

たとえば和辻は、天皇を「国民統合の象徴」とも呼びかえています。天皇の日々の生活スタイルから国事行為、さらには「個人」的だと断りをいれたうえでのメッセージまで、すべて日本人自身の価値観・精神のたたずまい・人生観の結晶体だということができる。天皇の存在それ自体が、日本人の生き方や価値観の現状を象徴、すなわち体現していて、透かし見ることができるということを和辻の議論は教えてくれます。

だとすれば、陛下が「おことば」の中で、「全身全霊をもって象徴の務めを」果たすことを何よりも重視し、「天皇の高齢化」が、国事行為に支障をきたすと苦悩されている姿、これはまさしく戦後の日本人自身の価値観が「象徴」されていることになります。つまり、高齢であること、仕事ができないことは人間としてマイナスである、という価値観が浮き彫りにされているということです。

「おことば」以降、日本人はそこから滲《にじ》んでくるメッセージを、陛下ひとりの激務の問題だとみなし、譲位の賛否をあげつらっていました。しかし問題の核心は、おそらくそこには存在しない。メッセージからは、人間とは生産的な活動をおこなう生き物であって、生産性を失ったとたん公的な価値を奪われてしまうこと、個性ある存在としての価値を否定されてしまうことを「象徴」しているのではないでしょうか。あるいは、身命を賭してまで仕事をせざるを得ない社会を日本人が生きていること、窮地に追い込まれていることを、陛下自身が「象徴」されているのではあるまいか。

もっと強くいえば、戦後の日本人は効率よく公的責務を果たせない存在を、社会的価値の低い人間であると見なす価値観・人間観のもとで生きてきました。そのことが、まさしく陛下を追い込んで、苦しみの「おことば」を口にさせたとも思えるのです。日本人が「おことば」に共感したのだとすれば、それは自分が今おかれている会社での状況、過剰な資本主義社会で歯車のように生きている自らを体現し象徴してくれていたからかもしれないのです。

筆者は先に、教育問題を論じた際、社会学者の意見を参考に「情報化社会」の特徴をあきらかにしました。戦後日本は、工業社会から情報化社会への変化を経験しつつも、一貫して経済成長をめざしてきた。人間を「消費する動物」と定義する情報化社会では、イメージこそが商品の売れ行きを左右します。消費を喚起するのは、商品の内容よりも印象であり、印象を産みだすのは大量の情報です。現在の日本人は、おびただしい情報に曝されていて、何を基準に商品を選べばよいのかわからない。そこで唯一の基準は「新しさ」になります。

つまり、日本は成熟期に突入しているにもかかわらず、新しいことイコール善という価値観に支配されている。逆にいえば、古いことはそれだけで価値をさげることになるのです。これを人間にあてはめれば、とうぜん、高齢者の印象は悪くなってしまうでしょう。

以上の筆者の指摘がただしいとすれば、天皇をめぐる問題は、生物学的な身体の限界云々だけであるはずがない。戦後日本社会が自明視してきた価値観・人間観こそが本当の問題です。その限界を、日本人は眼の前で、天皇という具体例をつうじて突きつけられている。「象徴」天皇制は戦後日本人の生き方を映しだす鏡だからこそ、注目すべきなのです。効率性と生産性をなによりも重視し、仕事を評価してきた日本人。さらに消費を喚起する新規性を、唯一の価値尺度にしてきた日本人。つまり、経済合理性で人間の価値を判断する日本社会を、「おことば」は象徴してしまったのではないか。

左右両側とも捩れた論理

ここから、第二の論点に移ります。和辻の象徴天皇論は、武家政権以前の尊皇思想の伝統に、日本国憲法の象徴規定が復帰するといっていました。文化共同体の連続性、伝統のゆたかな流れに陛下も抱かれ、本来、安心して象徴の務めをはたすことができる。戦後日本人ばかりでなく、死者たちにも抱かれています。

ところが、実際に陛下の「おことば」を読むかぎり、また識者の発言を見ていると、陛下の周囲にこうした柔らかな雰囲気は見られません。逆に孤立した家族像が、うかびあがってくるばかりです。

一例をあげます。陛下が生前退位を希望している旨、マスコミが報道しはじめて以降、思想的左右の立場から、賛否両論の意見が入り乱れました。その要点は、「天皇の神格化を肯定するか否か」と、「戦後憲法と戦後民主主義をどう考えるか」の二点にしぼることができます。たとえば宗教学者の島薗進氏は、ある政治学者との対談のなかで、次のように自説を述べています。

戦前の国体論者が強調した「国家神道」こそが、天皇の神聖性をたかめ、崇敬する感情をつくりあげた原因である。その結果、天皇は人間以上の何ものかになり、宗教性を帯びてしまった。そして今回、「おことば」にある陛下の生前退位の希望を認めない右派は、戦前回帰をめざしている。なぜなら生前退位とは、天皇がふつうの人間同様、限界をもった存在であることを証明しているからで、それを認めず「国体」の危機だと主張し、天皇の神聖性を強調するのは戦前回帰にちかい——このように主張します。

島薗氏によれば、戦前回帰をねらう最大の勢力こそ、第二次安倍政権にほかならない。元号法制化やG７（先進国首脳会議）の伊勢志摩での開催、さらには伊勢神宮の式年遷宮の際に首相以下の閣僚が参拝したことは国家神道の復活であり、私たち国民の精神的意思統一をはかるために、天皇の権威は利用されている。経済格差によって、「国民」という一体感が消滅しかけ分裂ばかりが強調されている現在、天皇は政権によって利用されているというのです。

つまり安倍政権にとって、天皇は、ふつうの人間であってはならない——「だから、彼らは、天皇が同じ人間として国民とともに歩んでいこうとする象徴天皇制のあり方に反対しているのです。つまり、宗教的な国家観が根底にある。それが立憲主義を脅かすものではないかどうかが問われてしかるべきなのです」（『近代天皇論』）。

ここで島薗氏らが賞賛したのが、陛下の「おことば」です。メッセージを右傾化と戦前復帰をめざす安倍政権にたいする天皇ご自身による反発、戦後の憲法と民主主義を擁護するための発言だと主張する。この「おことば」の中には、「個人」という言葉がつかわれ、とても人間的なメッセージに満ちあふれている。昭和天皇では未完成だった「天皇は人間である」という思いを語り、国民と同じ目線に立とうとなさっている。陛下は自らを「脱神話化」し、人間天皇であろうとしているのだ。そして島薗氏は、これまでの左派的知識人が、天皇制批判をくり返してきたことを反省し、天皇こそ平和憲法と戦後民主主義の擁護者だと肯定するのです。

いっぽう右派は、天皇は神聖性を帯びるべきであるがゆえに、生前退位を希望する陛下に違和感を覚えている。伝統を擁護する立場からすれば、生前退位は皇室典範に抵触するものであって、大喪の礼や御陵の簡素化の是非もふくめて慎重であるべきという立場をとる。その多くが憲法改正論者であることも、付記しておくべきでしょう。

つまり左派知識人が必死になって陛下を擁護しているのは、陛下が人間だからであり、護憲派だからであり、戦後民主主義の防波堤だと考えているからです。たいする右派知識人は陛下を詰問し、伝統の死守を訴えた。「おことば」をめぐって、天皇への評価は左右で逆転してしまったわけです。

しかし、くり返しますが、こうした二分化した議論に筆者ははげしい違和感を覚えます。護憲と改憲、戦後民主主義の防波堤の役割を期待するような論理は、まちがっている。政権批判のための天皇への言及など、もってのほかです。筆者が「おことば」に見いだす現代社会理解とは、あまりにもちがいます。

まず左右いずれの側も、あまりにも陛下に依存しすぎている。陛下を自己主張の錦の御旗に利用している。まずもって自らの正義と倫理観があり、それを正当化するための事後説明の道具として、「玉」をもちいている。本当に敬意を抱いているならば、陛下をダシにして自らの思いと意見を世間に喧伝すべきではないのです。

筆者にとって重要なのは、陛下「その人」がどういう状態にあって、メッセージは何を語っているか、まずは静かに聞き耳を立てることにありました。そう思いつつ「おことば」を読み込むと、驚くべき文面にぶつかりました。次の文章をどう理解したらよいのかに、二年以上かかったといっても過言ではありません。

……これまでの皇室のしきたりとして、天皇の終焉に当たっては、重い殯《もがり》の行事が連日ほぼ二ヶ月にわたって続き、その後喪儀に関連する行事が、一年間続きます。その様々な行事と、新時代に関わる諸行事が同時に進行することから、行事に関わる人々、とりわけ残される家族は、非常に厳しい状況下に置かれざるを得ません。こうした事態を避けることは出来ないものだろうかとの思いが、胸に去来することもあります。

この切迫した調子の「おことば」からわかることは何か。それは陛下が必死に、日本国民から「家族」を守ろうとしている哀切な姿なのです。陛下はここで、「喪儀に関連する行事」が長期化することを懸念している。と同時に、「新時代に関わる諸行事」が重なることに胸を痛めている。

前者は死にまつわる行事であり、後者は再生の儀式にかかわります。皇室にあかるくリベラルな家族像をもとめるとき、日本人は、無意識のうちに戦後の近代的な家族像を皇室に期待し、押しつけつづけてきました。大喪の礼や大嘗祭などの、死と再生の匂いに充ちた儀式に粛然とすることを忘れた日本人が、皇室にもとめているのは、アイドルに手を振るように近づくことでした。それを皇室への親しみだといって、戦後の日本人は言祝《ことほ》いできたのです。これが、左派が天皇にたいして「人間」になることを要求した結果です。

と同時に、伝統を死守せよという右派的心性の持ち主は、陛下にたいする忠言として、皇室典範ほかの尊重を呼びかける。そして終焉の際には、新たな天皇と皇族に死にまつわる儀式と、新時代にかかわる諸行事を重々しく履行することを要求します。

だとすれば、陛下とその「家族」は、相反する激務に日々曝されています。過去と手を切り、近代の家族像を演じることを要求された陛下と皇室は、同時に、時間的伝統を背負った行事を執りおこなわねばならない。生と死の論理、近代と伝統の論理をふたつながらに体現せねばならない。皇族という一家族にとって、この二重の業務はあまりに負担が大きい、そう考えるのが常識ではないでしょうか。

死の世界に属する喪儀の行事と、生の世界に属するあかるい家族像。この過去と「新時代に関わる諸行事」をたった一家族でおこなうことを思うとき、家長としての陛下はある忸怩《じくじ》たる思いに駆られた。筆者はそう考えます。

民主主義を濫用するポピュリズム

こうしたさなかに、陛下にたいし戦後民主主義を擁護し、安倍政権の右傾化を止めるために「おことば」を発せられたという理解がどうしてできるのか、筆者にはおよそ理解不能でした。むしろ、左派が信じて疑わない戦後民主主義の主役である日本人とは、皇室とタレントのスキャンダルを同時に報じるマスコミに、拍手喝采する人々でもあるのです。

たとえば、「民主主義」という言葉ほど、ここ数年の日本で話題にのぼる言葉もありません。イギリスが国民投票によってEU離脱を決定し、さらに「意外な」トランプ米大統領の選出が決定的となると、マスコミは「思っていたことと、逆のことが起きた」という不安に陥りました。そこで飛びついたのが、民意、すなわち民主主義の堕落という主張でした。民主主義は「ポピュリズム」という言葉に置き換えられ、新聞紙面や知識人は、しきりに民主主義批判を展開しました。

総選挙で安倍政権が大勝すると、それを不服とするマスコミは海外の民主主義批判の趨勢に便乗し、今や日本もポピュリズムだ、多数決の政治は間違っている、これでは安倍政権を倒せない、だから民主主義は限界があり悪を生みだすのだと主張することになった。おどろくべきことに、民主主義批判を積極的におこなっていたのは、従来の左派護憲派メディアでした。安倍政権を否定するためならば、擁護してきた「戦後民主主義」を抛《なげう》っても構わないという逆転現象が起こったのです。

さらに想起すべきは、それに先立つ一年ほど前まで国内では「安倍政権から民主主義を取り戻せ」という、声高な叫びがデモでくり返されていた事実です。若者を中心とする参加者たちは、自らの行動は無条件に「正義」であって、デモこそが民主主義なのだと絶叫していた。そこに野党が便乗し、積極的にかかわっていたのです。

だとすれば、「安倍政権を打倒する」ためにつかえないなら「民主主義＝ポピュリズム＝悪」であり、打倒できそうなら「民主主義＝デモ＝善」だと一部の日本人はいっていたことになる。こうした言葉の濫用こそ、衆愚政治、ポピュリズムの根源です。ポピュリズムを批判している勢力自身が、もっともポピュリスティックだったのではないか。

彼らは一人ひとりで行動基準を定めるというより、むしろ時代の流れに呑み込まれ、「群衆」として個性を失っているのです。群衆の視線に曝され、支持されてもみくちゃにされている現在の天皇家をみて、はたして天皇が民主主義の体現者であり、戦前回帰の防波堤になることなど、あり得るのでしょうか。

左派護憲派は、民主主義を「その時の気分」で濫用し、右派改憲派も安倍政権圧勝をみて、民主主義の勝利を拍手喝采している。陛下の「おことば」がだされた前後の日本では、民主主義という概念をめぐって、これだけの混乱が起きていたのです。

本書でしばしば使用する「辞書的基底」を喪失した現代社会では、戦後民主主義といったワンフレーズで、日本人全体の気分を説明することはできません。誰もが参照できる軸のようなもの、自明の前提の底が抜けてしまっているからです。

むしろ民主主義という用語の混乱自体に注目し、その場当たり的な解釈と、行動パターンを指摘することが必要です。その時々の利害関係によって伸び縮みする「現実」を、正確に把握することができるからです。戦後から七〇年以上を経て、民主主義は自明の絶対善ではなく、その可能性と限界を問い直すべき時期になったのです。

饒舌だが心の貧しい社会

さて筆者は、和辻の考えた「国民統合の象徴」を参考に、日本人が高齢者を低くみる価値観をもっていること、つまり人間を生産性の有無で評価してしまう傾向が顕著だと指摘しました。とりわけ高度成長期に、経済的合理性・生産性を高めることが正しいと教えられた戦後日本人は、成長しない存在イコール公的な場から退場すべき、という価値観を刷り込まれてしまった。そして「象徴」である陛下は、この人間観を「おことば」で吐露してしまったのではないか――。

つまりここでも、「人間はとにかく、『新しい』ことをすればよい」という「戦後」を支配した自明の前提を問い直すべき時期がきている。戦後の問い直しこそ、「おことば」から導きだすべき現代社会論だと思うのです。

天皇の「おことば」にたいして、過剰に民主主義の理想を追い求める人たちは、政治の世界に「美しさ」をもちこみ過ぎている。しかし「バッシング論」で指摘したように、美と政治の関係は、このように単純なものではありません。その点、実は三島由紀夫とおなじ過ちをおかしています。

本来、政治は悪から善をつくるような営みであり、清濁をあわせ呑む技術です。三島を批判した橋川文三の立場にたてば、天皇と民主主義を抱き合わせにして、現行の安倍政権を批判するのは、まったく政治センスを欠いた、天皇の政治利用にも等しいことです。また、天皇のもとでの平等を主張することは、その鬼子として戦前のテロリズムのような暴力を生みだすかもしれないのです。

「とりわけ残される家族は、非常に厳しい状況下に置かれざるを得ません。こうした事態を避けることは出来ないものだろうかとの思いが、胸に去来することもあります」という悲鳴とも聞こえる部分を読んだとき、日本人が、いかに陛下とその「家族」を孤立させ、苦しめているか、ポピュリズムに陥っているかという点にこそ注目すべきだと筆者は思いました。批判されているのは安倍政権ではない、大衆化した日本人自身なのです。

むしろ、生前退位を望む「おことば」は、あまりに多くの要求を突きつける国民から皇室一家を守らねばならないために書かれたとも読めます。また天皇が国民の「象徴」だとすれば、日本人の家族像もまた、清潔であかるい雰囲気を演出する裏に、深刻な危機を抱えているにちがいない。皇室がその仕事量と孤立に苦しんでいるとすれば、とりも直さず日本人の家族自体も、この問題に直面しているはずなのです。

皇室が国民に開かれたものになればなるほど、皇室は国民から孤立していく。この孤独へと陛下と皇室一家を追いつめ、「こうした事態を避けることは出来ないものだろうか」という悲鳴にも近いお言葉を直接、面とむかって言い渡された日本国民は、これをどう受け止めるのか。また何度でも政治の言葉で塗りつぶそうとするのでしょうか。

生前退位問題が、高齢による肉体上の限界や法制度上の議論に終始し、陛下とその家族の心情に静かに耳を傾けるべきだ、という倫理観がどこからも聞こえてこなかった現代日本は、饒舌だが、とても心の貧しい時代だと思われて仕方ありません。

六　「言論空間」が荒廃してゆく——保守主義論

『新潮45』休刊騒動の論点

先に筆者は、天皇陛下みずからが、社会的役割を担えなくなることを否定的に考えていること、結果、生産性が落ちた人間は、社会から退場すべきという日本人の価値観を「象徴」しているのではないか、といいました。人間とは生産的な活動をする生き物であり、生産性を失ったとたん、公的な価値を否定されてしまう。効率よく責務を果たせない存在を低くみる価値観が、日本人を支配している。またその背景に、情報化社会があるとも指摘しました。大量の情報がもたらすイメージに消費欲を刺激され、「新しい」ものを買いつづけることに憑かれているわけです。

だとすれば、日本人は効率よく生産することを強いられ、同時に、消費活動に熱中する生き物になっているではないか。生産と消費からわかるように、私たちは経済合理性によって、日本人の価値を評価している。経済成長に資するものは良き日本人であり、流行を生みだし、それを追いかける者たちが持て囃されるのです。本来は何か目標があり、その達成のために必要な手段であるはずの「新しさ」、それ自体が目標になっている。手段が目的化することで、日本人は終わりなき前進を強いられているのであって精神はつねに緊張・興奮し、休むことをしらない。それこそが刺激的な生だと喜んですらいるのです。

この「生産性」という言葉をめぐって、大騒ぎがありました。LGBTと略称される性的少数者にたいし、保守政治家を自称する杉田水脈氏の論文が、差別的であると騒動を引き起こしたのです。さらに、これまた保守を自認する小川榮太郎氏が杉田論文を擁護した結果、両論文を掲載した『新潮45』がその責任を問われ、最終的に休刊に追い込まれました（二〇一八年一〇月号で休刊決定）。

たった二本の論文が大騒動になったのは、政治家から小説家にいたるまで、論客たちが好き勝手に自分の意見を披瀝したからです。日頃、性的少数者について考えているとは到底思えない小説家までが、事件に即応し、気の利いた発言をしている。雑誌休刊をめぐって、言論の自由についてまでコメントを求められている。なぜ新聞や雑誌の期待に、即応しようとするのか。そこまで時代に寄り添い合理的になれるのか。

筆者にとって、関心ははっきりしていました。第一に、杉田氏がつかった「生産性」という言葉が、なぜこれほどまで騒がれたのか。その論理と心理は何だったのか。第二に、杉田氏とそれを擁護する小川氏が、二人とも「保守主義者」だとするなら、保守主義とはいったい何なのでしょうか。本当に彼らは保守なのか。まずは杉田論文の内容を、見ておかねばなりません。

「生産性」への身体的嫌悪感

「『ＬＧＢＴ』支援の度が過ぎる」と題された論文を、杉田氏は、新聞報道の話から始めています。性的少数者にかんする新聞各社の報道件数を調べることから始めるのです。朝日新聞と毎日新聞の報道件数が多いことを取りあげ、「リベラルなメディア」だと批判します。以下、わずか四ページに満たない論文の要点を、三点にまとめることができると思います。

まず欧米と日本の社会構造は違うということ。たとえばキリスト教社会では、宗教上の理由から同性婚や堕胎が厳しく批判されてきました。現在でもアメリカで大統領選挙があるたびに、同性婚の是非が論じられるのは、宗教的保守派とリベラルな陣営の争いによるものです。しかし非キリスト教文化圏の日本には、こうした差別自体がそもそもないのではないか。だから同じ対立構図を、日本に持ち込むべきではないというのです。

よって第二に、日本では性的少数者は、社会ではなく、むしろ親に理解されないことに苦痛を覚えているということ。だから問題は政治的課題ではなく、親子の理解を深めるべきだと杉田氏は主張します。にもかかわらず、「リベラルなメディア」は生きづらさの原因を、すべて社会制度のせいにしている。これは間違いだといっているのです。

以上の杉田氏の指摘に、筆者は違和を感じません。なぜなら杉田氏はここで、性的少数者の苦悩、生きづらさを認め、その原因に順位をつけているだけだからです。杉田氏によれば、彼らの苦痛を取り除くためには、親族の理解を優先させねばならない。行政よりも親族問題を優先すべきであり、行政はそこに介入できないという主張自体にまったく問題はありません。あとは事実関係を調べればよく、間違っていれば逆に行政による課題解決を先行させればいいからです。その際、日本の文化や風土を考慮に入れるべきという指摘も妥当なものだと思われます。日本人に即した状況分析こそ、きめ細かい処方箋を書くために必要不可欠だからです。

では何が、批判に火をつけたのか。第三の問題となる文章は、次のようなものです。

例えば、子育て支援や子供ができないカップルへの不妊治療に税金を使うというのであれば、少子化対策のためにお金を使うという大義名分があります。しかし、ＬＧＢＴのカップルのために税金を使うことに賛同が得られるものでしょうか。彼ら彼女らは子供を作らない、つまり「生産性」がないのです。　（二〇一八年八月号）

なぜ、この文章が批判の対象となったのか。騒動は「生産性」という言葉に尽きています。内容を読まずとも、この三文字が日本人に何かを喚起したために、一気に騒動が広がっていった。一般的には次のように理解されています。

「保守主義者」である杉田氏は、性的少数者の存在を批判、あるいは蔑視している。とりわけ子供を産む能力の有無を「生産性」と呼び、差別の基準にしている。これはいかにも保守的な主張だ。保守主義者は多産と家系の連続性を日本の繁栄と信じ、重んじるからです。これにたいし、リベラルな考えをもつ知識人と、彼らをつかう「リベラルなメディア」が一斉に批判をおこなったのだ——このように理解されているのではないでしょうか。

実際、この批判を受けて『新潮45』がおこなった特別企画「そんなにおかしいか『杉田水脈』論文」で、保守派の言論人が論争相手としているのは、たとえば「マルクス主義の信奉者」であり、あるいは「人権真理教の諸君」でした。彼らのリベラルにたいするイメージは、マルクス主義であれ人権真理教であれ、イデオロギーにのめり込んでいる人、先端的な欧米思想の亜流を論敵と見なしているのです。

しかし筆者は、この二項対立図式は、全くの間違いだと思います。保守主義者vs.リベラル派の対立が、杉田論文の核心だと考えるのは間違っている。ではどう考えるのが正しいのか。答えはこうです。

今回、杉田論文にここまで反応したのは、「生産性」という言葉のもつ金属的な響きに、生理的、あるいは身体的な嫌悪感を覚えたからではないでしょうか。人間の出産、生命の根源にかかわる事柄を、「生産性」という言葉で裁断し、評価し、まるで製品を分類・仕分けするように人間を評価する態度に、敏感に反応したのではないでしょうか。人間は品物ではないのだ、と。

私たちが違和感を覚えたのは、保守的だからでも、リベラルだからでもないのです。

人間の最も基底をなしている事柄、生殖と出産にまつわる部分に、硬質な刃物をあてがい傷つけるような言葉と感じたからこそ、過剰反応したのであって、リベラルどころではない、「前近代的」な心情が反応したのです。欧米の社会動向や最新のイデオロギーにかぶれて、杉田氏を批判したのではない。だとすれば、批判した側こそ前近代的＝保守的な心情を吐露したのであって、杉田氏の側こそが、よほど近代主義者だといえないでしょうか。

もし一連の騒動が、「リベラルなメディア」の狂騒曲に終わらずに、日本人自身の問題として広く共有されたとしたならば、前近代的な心情に触れたからだとしか思えません。それをリベラルな知識人や新聞は勘違いし、自らの主張が浸透したなどと考えてはなりません。人は欧米のイデオロギーなどによって、性の問題を考えなどしない。「生産性」という一語にここまで批判が殺到したのは、自分の存在の恥部を侵されるような刺激があったからなのです。

そしてここから、次のような問題が見えてきます。

「生産性」の有無で杉田氏がおそらくいいたかったのは、次世代を産みだす能力がないＬＧＢＴの人たちは、国家の成長戦略からすれば二の次だ、ということです。杉田氏は、政治家として税金のつかい途の観点から人間を評価し、「生産性」という言葉をつかった。だとすれば、杉田氏への生理的反発とは、要するに政治にたいする人間の側からの反発、経済成長への有用性の有無で、人間の価値を評価することへの反発ということになるはずだ。

グローバルな経済競争を戦っている国家、その国家にとって有用であるべき国民という価値観に心をわしづかみにされている杉田氏には、「子供を産み育てる」ことがもつ無償の価値が分からない。つまり人間とは、政治や経済効率性に回収できない存在なのであって、その最も健全な部分、子供を産み育てるという営みを、粗雑な言葉で取り扱わないで欲しいといっているのです。

ところがどうでしょう。新聞や雑誌などは「リベラルなメディア」も含めて、性的少数者の問題をイデオロギーの問題だと勘違いしている。保守主義者の正義観と、リベラル派の正義観の内容には違いこそあれ、互いに自分のイデオロギーに酔って相手を批判している点で変わらない。彼らに共通しているのは、「政治」への過剰評価です。

先に筆者が、杉田氏こそ近代主義者なのだといったのも、この点にかかわります。世界大の経済成長主義、市場の変化に応じて「新しさ」を追求する人間観を賛美し、日本人の量産と再生産（！）に憑かれているのは、まさに近代主義そのものです。その彼女が、保守主義者だといっている。また彼女の擁護者も保守主義者を自認し、伝統を重んじていると思っている。

筆者は彼らを政治的動物だとは思いますが、保守主義者だと思ったことはありません。以下では、保守主義とは何かが問題とされます。

「他者」なきモノローグ

杉田論文への批判を受けて『新潮45』がおこなった反論特集のなかで、休刊の引き金をひいたのは、小川榮太郎氏の論文でした。小川氏の文章は、わずか六頁にすぎません。しかし筆者は通読するのに非常に苦痛を感じました。不愉快で読み進めるのが、なかなか難しかったのです。「臆面もない言い方をすれば、それが古い常識だからこそ愛しているのです」という、E・バークの言葉から始まるこの文章で、小川氏は三点のことを指摘しているように思えます。

第一に、性的嗜好という内面にかかわる営みは、公言すべきではないこと。人権や政治的抑圧を糾弾するために、リベラル気どりの人たちが、性を公的な世界に引っ張りだし、問題化することはやめるべきである。第二に、弱者イコール正義の御旗をたてて一切の違和感の表明や異論を許さない風潮をつくるのは、やめてほしいということ。LGBTが性的少数者であり、弱者だとすれば、彼らに懐疑的な発言をすることは禁じられる。弱者いじめ反対という多数派の同調圧力が、事前に世論を忖度し異論を自粛させる。この暗黙の権力、純粋な正義観が、逆に言論の自由を封殺し、権利を奪っているではないか。小川氏の主張は、このようなものだと思います。

筆者は、以上の論理には妥当な部分が多いと思います。とりわけ小川氏が、自然主義文学のゾラとマルクスを比較し、ゾラが下層階級や女性の虐げられた姿を描くことで人間の尊厳を訴え、「社会問題を人間化」したことは素晴らしいが、マルクスは個人的・人生的な問題を「弱者は正義だ」というイデオロギーに転化し、人を黙らせる同調圧力を生んだ、つまり政治問題化したのだという指摘は正しいと思います。

小川氏は、性的少数者の苦悩をことさらマスコミが書き散らし問題化することは、一切の批判を許さない社会空間をつくりだす。その閉鎖性は危機的だと指摘しているのです。論文のタイトルが「政治は『生きづらさ』という主観を救えない」となっているのも、恐らくは政治から漏れる人間の豊穣さ、性や生殖など恥部と歓喜を含んだ人間の厚みを擁護するためにつけたのだと思います。
もし筆者の解釈が正しいとすれば、小川氏もまた「前近代的」な思考と常識の持ち主だといえるでしょう。リベラルでないのはもちろん、杉田氏のように経済的効率性から人間の出産の有無を評価する政治家とは、およそ正反対の価値観の持ち主だといえると思います。ところが小川氏の論文もまた杉田氏同様、ある一部分が引用され、批判のやり玉にあげられました。主張の第三は、次の一文にあきらかです。

ＳＭＡＧとは何か。サドとマゾとお尻フェチと痴漢を指す。私の造語だ。ふざけるなという奴がいたら許さない。ＬＧＢＴも私のような伝統保守主義者から言わせれば充分ふざけた概念だからである。満員電車に乗った時に女の匂いを嗅いだら手が自動的に動いてしまう、そういう痴漢症候群の男の困苦こそ極めて根深かろう。再犯を重ねるのはそれが制御不可能な脳由来の症状だという事を意味する。彼らの触る権利を社会は保障すべきでないのか。触られる女のショックを思えというか。それならＬＧＢＴ様が論壇の大通りを歩いている風景は私には死ぬほどショックだ、精神的苦痛の巨額の賠償金を払ってから口を利いてくれと言っておく。（一部省略）

「彼らの触る権利を社会は保障すべきでないのか」。この一文が引き金となり、由緒ある雑誌は休刊となりました。杉田氏の「生産性」同様、一行にも満たない言葉に、人びとは群がり大騒ぎした。しかし筆者の関心は、より深刻なものでした。小川氏のこの文章を、断固として認めるべきではないと思ったのです。

それはなぜか。なぜならこの文章には、全く「他者」が存在しないからです。小川氏は論争しているつもりで、言葉を書きなぐったのかもしれない。しかしこれは論争でもなんでもない。「ふざけるなという奴がいたら許さない」、あるいは「私には死ぬほどショックだ」という言葉には、自己の意見を相手に「説得」するための技量がありません。怒りを叩き付け、自分の感情を赤裸々に曝けだしているだけです。これでは文章の内容を読み込む前に、聞き手は文体から響いてくる罵声にまず驚かされ、暴力性に耳を塞いでしまうのではないですか。相手にたいする否定という病しか、聴き取れないからです。

もしこの文体ですら、読んでくれる読者がいるとすれば、そうだ！　そうだ！　と拍手喝采する小川氏のファンだけでしょう。意見の異なる人なら、文章の響きだけで読むことをやめてしまうような文体です。ならば、小川氏には「他者」が存在しないではないか。小川氏がどれだけ人を煽り、相手を恫喝し、論争しているように見えても、結局はモノローグ、つまり自己告白をしているだけではないか。

以前、集団的自衛権をめぐって国会前デモがおこなわれたとき、偶然、登壇した大学生が周囲の思惑とは反対に、「私は集団的自衛権に賛成です」と演説をはじめた。周囲は驚き、はやく壇上から降りるように促した。その際、周囲はどよめき、罵声を浴びせ、「お前殺すぞ!」といっている人までいました。平和を守るための集団的自衛権の可否が、相手の命を威嚇するバッシングの言葉を平気で生みだした。彼らはおそらく、リベラルな人たちなのでしょう。しかし国会前で自己告白的デモをおこない、自分とは異質な「他者」の登壇演説に困惑し、苛立ち、どう処理してよいかわからなくなった。説得を早々に投げ捨て、相手に罵声を浴びせる有様は、小川氏の文章と同じではないですか。つまり保守もリベラルもないのであって、両者はモノローグに酩酊しているのです。

さらに小川氏が、批判している当の性的少数者とも同じ過ちをおかしていることがわかります。小川氏の説によれば、性的少数者が問題なのは、赤裸々に自己の苦悩を語ること、公の前で己の性や内面を告白することにあるらしい。だとすれば、小川氏自身のこの文章ほど「精神的苦痛」を吐瀉《としゃ》した「私」語りはないではありませんか。

問題は、痴漢の権利を擁護したか否かなどという、陳腐なことにはないのです。痴漢と性的少数者を同列に論じることも問題だが、最大の問題は、それを「脳由来」だといっていることです。なぜなら保守的な態度とは、こうした人間の赤裸々な自己告白、人間の尊厳の根拠を身体性の特徴に帰することを、拒否する立場のことだからです。人間とは所詮、性の奴隷である。人間にとって所詮、善など建前にすぎない。人間の悪業など所詮、先天的な脳由来の病気にすぎない——保守は、こうした言葉を断固、拒絶してみせる精神の「構え」のことです。人間は「それでもなお」、倫理的道徳的存在であるというのが、保守主義ではなかったか。

福田恆存が定義した「保守」

つまり現在の保守主義者に欠けているのは、「他者」への配慮です。自己に淫することをやめ、他者のもとに大胆にでてゆくとき、人間同士に倫理が生まれる。どう生きるべきかという道徳の問題がでてくる。評論家ならば、言葉に誰よりも敏感になり、説得のために文体を練ることになる。また同時に、個人を超えた歴史の蓄積に耳を傾け、人間がどうすべきか、どうしてはならないかの判断を参照すべきなのです。

たとえば、保守思想家として著名な福田恆存は次のようにいっています。

保守とは、革新派の登場のあとに生まれてくる思想と態度のことである。現状に不満を抱くことで、まずは革新派に自己覚醒が生じる。現状に疎外感をおぼえた彼らは、何かを変えねばならないと思う。結果、革新派は「進歩」を何よりも重んじるようになるのだ。だがそもそも、保守派も進歩それ自体を批判してはいない。人間が生きている限り、進歩は必然のことなのであり、保守派も世の中は進むこと自体は否定しない。ところが革新派、すなわち進歩主義者が決定的にマズイのは、保守派にとって手段にしかすぎない進歩を、最高の価値とみなし最優先する「目標」にしてしまうことなのだ。手段を目的化してしまうというのです。

ではなぜ、この態度が問題なのか。なぜなら「進歩」が最高の価値となる場所では、人間の喜怒哀楽、豊穣な人生すべてが「進歩」に奉仕させられるからです。人間の日常生活で、進歩に役立てないもの、合理的でない部分が切り捨てられてしまうからだと福田はいいます。「保守派は進歩といふことを自分の『生活感情』のうちに適当に位置づけておけばよいのだが、革新派はそれを『世界観』に結びつけなければならない」(「私の保守主義観」)。

「生活感情」と「世界観」という言葉に注目すべきです。世界観とは、人間が生きていく際の全面的な基準を指しています。筆者の言葉でいう「辞書的基底」のことです。つまり、革新派の人たちは、「進歩」することこそ、人間生活全体を支える価値基準にしているということです。ここで友人関係を例にとれば、友人と今日、食事をすることが自分の出世にとって有益であるのか。この人と時間を共有することが、次の仕事につながるかどうか。功利性・生産性・利益の有無で人間関係を判断するということです。よって出世に「使えない」友人は、すぐさま疎遠になってしまうでしょう。人と人との間に、次への展開、新しい何かが生まれることを期待する。こうした価値観を支えに、自分の人生を常に評価し、展開していく。これを進歩「主義」と呼ぶゆえんです。

しかし、友人と食事をすることは「無益」だからこそ、ホッとするのではないですか。日ごろの顧客への気遣い、仕事上の関係とはちがう厚みがあるからこそ、ふるい友人との食事には豊饒な時間が湛えられている。取り替えがきかない価値、功利性にも生産性にも馴染まない、金銭に代えられない時間の共有を、本来、友人関係というはずなのだ。だから保守派は、友人とのゆたかな時間を楽しむ「生活感情」を重視するのです。それは確かに、自分の仕事や出世には無関係かもしれず、効率性には馴染まないのかもしれない。しかし、この人生を「味わう」ことなくして、果して人間であるといえるでしょうか。

人脈だけを狙って動く人の人間観は、「進歩主義」を「世界観」にしてしまっている。福田は人間社会が進歩すること、それ自体は信じている。人間は黙っていても進歩していくものだというのが、彼の考えです。しかし人間の生き方の「最高の価値」に進歩を据えることはまちがっている。人生の構え、生き方の中心基軸を進歩に置くことを、福田は「進歩主義」と呼んで批判したのでした。進歩主義は人間関係の功利性・生産性・利益の有無にくわえて、さらに時代の流れに即応すること、過剰適応し、その場その時の価値を「よし」とする態度もうみだす。福田はこれら二つの特徴を、進歩主義に見いだし、批判したのです。

冷戦終結後の今日、革新派や進歩主義は終わったといわれます。共産主義の敗北が決定的となった現在、福田の革新派批判はとても古臭くも思えます。しかし進歩主義という言葉はいわれなくなっても、進歩主義的なものの考え方は、まったく終わっていない。「新しい」ことを価値基準にしている日本人は巷に溢れており、豊穣な人生から功利性・生産性・利益の有無に馴染まない部分を削ぎ落すような生き方を、私たちはしているではありませんか。そして何よりも、保守主義を自認する人たちの口から、「生産性」が声高に叫ばれたのではなかったか。

福田は進歩主義にくわえ、「保守主義」と「保守」を区別し、前者を否定しました。保守とは生活態度で示すべきものであって、一つの信条、イデオロギーになった瞬間に「主義」と化す。そうすべきである、という大義名分となってしまう。保守主義的な態度で生きているかどうかが価値基準となってしまい、そうでない人を攻撃するようになるからだ。

つまり福田にとって、進歩主義も保守主義も、「主義」となった時点でまちがいなのです。人間とは本来、あらゆる主義から逸脱する生き物であり、食べて寝て笑い、喧嘩も厭わないのが常識なのです。骨太で荒々しくもある人生を味わうことに、人生の醍醐味がある。「人と人との結びつき以外に信ずべきものはないといふ、この単純な真理に、私たちはもう一度、立ちかへるべきである」(「進歩主義の自己欺瞞」)。

この福田の言葉からは、なにより「他者」への配慮が聞こえてくるではないか。

狂騒の言論空間への失望

そしてもう一人、日本の保守主義者が、同じ問題に直面していました。敗戦時の柳田国男です。『遠野物語』以来、民俗学の巨人として活動してきた柳田は、民間伝承を研究する傍ら、明治以降の日本の近代化が、あまりにも急激なペースでおこなわれていることを危惧していました。

加速度的な近代化の過程で、日本は過去を振り捨て、同時に欧米列強と不可逆の対立関係にはいった。そして昭和二〇年八月に、決定的な敗北を喫した。過去の己の文化を否定し、目標のはずの欧米からも全否定された眼の前の日本は、何者でもなくなっていました。齢七〇歳を超えた柳田は、激しい自己反省とともに立ち上がります。民俗学者として、敗戦日本のために何かをせねばならない――こうして出来上がったのが『先祖の話』という本でした。

過去の価値が瓦解した場所に、日本の柳田は何を処方したのでしょうか。それは次の文章に明瞭に描かれています。

……ともかくも歎き悲しむ人がまた逝き去ってしまうと、程なく家なしになって、よその外棚を覗きまわるような状態にしておくことは、人を安らかにあの世に赴かしめる途ではなく、しかも戦後の人心の動揺を、慰撫するの趣旨にも反するかと思う。

ここには、最良の意味での保守主義的思考が煮詰められています。柳田によれば、本来、家の中心である家長が、子孫の繁栄を担い、同時に先立つ者たちを葬送する義務を負っている。にもかかわらず、戦争は家の中心である若者の命を奪った。つまり子孫を残し、葬式をだすべき側の世代が、命を奪われた。だとすれば、彼らの霊魂は誰に鎮魂されるのだろう。誰が、子孫を残す勤めを果たすのだろう。そしていったい誰が、先祖を弔う役目を担えばよいのだろうか——。

この柳田の訴えが、家を残すこと、つまり「生産性」について心配しているのはいうまでもないことです。だが柳田の語り口と、杉田氏の言葉には、天地ほどの隔絶が存在する。簡単なことである。杉田氏の言葉は、私たちの心に沁み込んでこないのです。柳田国男は「民俗学者」なのではないのであって、彼の文章が古典となり読み継がれているのは、彼の民俗研究がまぎれもなく「文体」をもち、「他者」を深く説得できているから、つまり文芸評論になっているからなのです。

福田恆存には、柳田国男には、他者を揺り動かす子孫繁栄への思いがあった。彼らが日本の保守主義者であることを、筆者は疑いません。そして保守主義者とは本来、このような言葉の使い手であるべきだと考えます。そのとき、性的少数者をめぐって、平成最後の言論空間でくり広げられた大人たちの狂騒曲は、ほとんど破廉恥なまでの自己告白にすぎなかった。ここまで書いてきて、つくづく平成の言論空間と政治家の体たらくに、溜息をつくばかりです。

七　「フクシマ」と「オキナワ」は同じではない——民族感情論

沖縄をめぐる対照的な二冊

筆者は、二〇一一年の三月一一日の東日本大震災で被災し、福島県いわき市という原発立地地域の至近で仕事をしつつ、首都圏に長期避難を余儀なくされました。以降の数年間、しばしば筆者は「フクシマ」と「オキナワ」を比較する有識者の言葉を耳にしました。

原発と米軍基地は、戦後の日本がアメリカから押し付けられ進めた政策の二大象徴であって、日米関係の縮図である。核兵器を持つことを自らに禁じた日本は、その代用としてアメリカの原発推進を受け入れ平和利用した。沖縄には東アジア情勢の安定化のために、海兵隊等の米軍の駐留を許しつづけてきた。いずれも、アメリカの対日政策の犠牲だというわけです。以下、福島にいた体験を背負う一人として、沖縄について考えてみたいのです。

といっても、沖縄返還当時まで遡って復習をしたいのではありません。数年前に書かれた二冊の本のことが、以前から気になっていました。高橋哲哉『犠牲のシステム 福島・沖縄』（集英社新書、二〇一二年）と、ロバート・D・エルドリッヂ『オキナワ論』（新潮新書、二〇一六年）。この二冊は、とても対照的な本です。

哲学を専門とする高橋氏は、福島と沖縄を同じ「犠牲のシステム」を背負った不幸な場所として描きだします。被曝して死ぬのは東京電力の社長でも副社長でもなく、非正規労働者だといい、政治家、官僚、電力会社からなる「原子力ムラ」は利権のために犠牲者がでることをも厭わない。犠牲者とは被曝労働者のことであり、放射性物質の拡散によって冒される地域住民のことである。彼ら弱者の犠牲は、通常は隠されているか、国家や国民、社会にとっての「尊い犠牲」として「美化」され「正当化」されているが、いつか化けの皮がはがれるのだといいます。

こうした構造に支えられた「犠牲のシステム」こそ、福島の本質なのであり、沖縄も同じ構造なのだといいます。沖縄に犠牲を強いるのは日米安保体制で、これはアメリカが日本に基地を押し付けてきたといえばすむ話ではない。日本側にも問題がある。一九四七年九月二〇日付でだされた、沖縄にかんする天皇のメッセージで、天皇は、沖縄と南西諸島を米軍の軍事占領下に置きつづけることを希望する、しかも長期にわたって希望するといった。それは米国に利益になると同時に、日本を守ることにもなる。このような発言をしたとされる天皇は、当時の日本周辺にはソ連を中心とする共産主義勢力が伸長してきていたこと、中国共産党も勢力を伸ばしていたこと、こうした国際情勢下で、日本の「国体」である天皇制を守るために米軍に依存したのだと結論します（一七三頁）。

要するに、天皇は沖縄を米軍に差しだすことで、天皇制と本土の国益を守ろうとしたのだと高橋氏はいっているわけです。さらに次のようにもいいます。「沖縄が寝ていたなどと思っていたとすれば、それはまさに、植民者である日本人が沖縄のことを無視しても生きてこられた、沖縄のことを知らなくても生きてこられたという、その特権性を表わしているのである」。「沖縄は眠ってなどいなかった。戦後ずっと、そうであった。そのことを知らないこと自体、まさに植民地主義そのものなのだ」（以上、引用一九一―一九二頁）。抑圧の歴史を叩き起こし、植民地主義の実態を白日の下にさらすべきだと主張しているわけです。

こうした立場に違和感を表明するのが、エルドリッヂ氏です。もとは日米関係を専門とする歴史学者であり、沖縄海兵隊に文民官（政務外交部次長）として働いていた立場から、海兵隊と沖縄そして日本人の良好な関係をつくることを目標に、具体的活動に精勤してきました。

彼によれば、沖縄のマスコミは一貫して海兵隊を悪玉に仕立てる虚偽の報道をくり返し、印象操作をおこなっている。またそもそも、高橋氏も参照する「天皇メッセージ」の解釈を否定したうえで、「くどいようだが、沖縄には在日米軍専用施設面積の75パーセントが存在する」という高橋氏の指摘に典型的な批判にたいしても、数字の操作によって変化する恣意的なものだと反論しています（一四七頁以下）。さらにあるジャーナリストとのやり取りについては、次のように違和感を述べています。

「『県民感情』『オール沖縄』というフレーズをよく使いますが、それは事実と法律にも優先するものでしょうか。そうではないはずです。たとえ米軍兵でもそれ以前に同じ人間であり、そういう視線が持てないのでは、まともな議論ができません」（一五〇－一五一頁）。

坂口安吾が拒絶した「正義」

しかし、ここでのエルドリッヂ氏の「人間」という言葉は、いかにも微温的で、何の迫力も、具体性もありません。平和主義を唱えるのとおなじくらい空疎で啓蒙主義的です。そこで「人間」にかんして、もっと鋭い考察をした小説家を参照しましょう。『堕落論』や『日本文化私観』などの評論で知られる坂口安吾です。彼は、美と人間の関係について次のように述べています。

——戦前の天皇制と戦後の民主主義は、一見したところ正反対のように見える。戦後の日本は、天皇制の負の部分を払しょくし、民主主義の時代になったと皆が喜んでいる。しかしそれは誤りであって、むしろ同じ穴のムジナにすぎない。いずれも余りにも美化されすぎているからだ。天皇も民主主義も反論をゆるさない絶対に正しいもの、「美しい」と見なされているからだ。

戦争末期の特攻隊だっておなじである。あの勇士は幻影にすぎない。「人間」はもっと怖がりで、したたかで、闇屋のように生きるものだ。未亡人も新たな出会いに心ときめかせる、それが「人間」というものだ。だとすれば、美しすぎる天皇も幻影である。市井の人びとから超越した天皇像は虚偽である。だから、「ただの人間になるところから真実の天皇の歴史が始まるのかも知れない」（『堕落論』）。

以上のように、安吾が「美化」を嫌ったのは、それが一切の批判や懐疑を許さないことに由来します。日本人はもっと「裸」になるべきだ、「人間」になるべきだと安吾はいった。「美しさ」に対抗する処方箋こそ、「人間」というキーワードであり、「美」が隠している本当の姿を暴露することができるというのです。

安吾が批判した天皇制や民主主義が、高橋氏にとっての福島だとするなら、二人ともに表面的な偽善を炙《あぶ》りだし、暴きだしているように思えます。しかし、両者には決定的なちがいがある。安吾が「人間」の立場に立つのにたいし、高橋氏は「県民感情」から発言しているからです。

筆者は高橋氏の本を読んでいる最中、その論理が正確であるか否か、その政治的立場に賛成か反対であるかの前に、終始、胸騒ぎを抑えられませんでした。なぜなら彼自身が福島県出身であり、震災直後だったからでしょう、その「文体」はつねに切迫し、情緒的であり、感情に支配され揺れ動いていたからです。

そしてこの文体と情緒にこそ、エルドリッヂ氏が戦っているものの正体がありました。高橋氏は沖縄問題に「本土／沖縄」という二分線をひき、そこにアメリカとの関係を絡ませる。そして自らが正義の立場にたち、国家権力や東電、原子力ムラに批判の鉄槌をくだすことを「正当化」しはじめるのです。

ここで安吾との差は、決定的なものになります。安吾が「美しい」として嫌ったのは、自らを正義の側におく人たちでした。戦前の軍人だけではありません。民主主義者であれ共産主義者であれ、過剰に「政治」問題に関心をもち、興奮し、他者を糾弾する者を安吾は認めなかった。政治的左右への関心は、まったく関係ありません。

支配には、さまざまな手練手管があります。目に見える暴力に訴えかけて支配下におくことだけが「政治」ではない。むしろ安吾が注目したのは、誰も反論しようがない「美しい」正論によって、人びとを自陣に取り込み、相手を批判するタイプの「政治」でした。隠微な支配欲を見逃さなかったのです。

安吾が「人間」であることこそ大切だというのは、「政治」に搦めとられるのを拒否するためです。人を支配する／される技術である「政治」は、人間生活のすべてではない。安吾は、正論という美酒を飲み、気分よく大きなことをいうことを拒絶しました。もっと慎ましく生きること、自分に固有の自由を重んじることが大事なのだと安吾はいっているのです。

善意が悪を生むこともある

あれだけの大事故を起こした以上、原発反対はたしかに正論です。また周辺住民に負担をかけている以上、沖縄の基地負担軽減と辺野古移設反対は誰がみても正論と思える。しかし、これらを「犠牲のシステム」だといって批判する、ヒューマニスティックで普遍的な正義論の背後には、実は「民族感情」が張りついています。

悪は、具体的な会社名や政府としてあからさまになり、これを否定することは絶対の正義になる。ひとつの問題をめぐって、本土／沖縄、悪／善の二極化に陥ってしまっている。震災から間もない時期に、知識人（しかも哲学を専門とする）の「文体」が、ここまで揺れ動いているのは、筆者からすれば残念だとしかいいようがありませんでした。なぜなら「人間」ではなく、民族感情から事態をあおっているからです。

言葉を本業とする者が「文体」を乱すということは、心が平衡を失っていることを端的に示します。そして哲学とは「人間」にたいし、あるいは自身にすら懐疑の眼をむける、恐ろしく緊張した営みのはずです。にもかかわらず、感情という不定形なものの虜にされてしまっている。それとは逆のことをすべきではないのか。哲学者は本来、蠢く感情とは何かを考察すべきなのです。

最初から原発推進者や基地移設論者を「悪」と規定すれば、自動的に自らは「善」の立場に身を置くことができる。ところが実際は、原発推進者の側も、国民のためを思って活動していることに、なぜ気づかないのか。「電力の安定供給」等の言葉からわかるように、彼らも市民生活を守るべく、「善」をおこなっているつもりなのだ。反原発論者も原発推進者も善意である点、かわりはないのです。

つまりどのような立場であれ、「善意から人は悪をうみだすこともある」という事実を、まずは受け入れなければならない。それが反権力の図式から脱却し、議論の言葉を豊饒にすることになると筆者は思います。

沖縄が怒りで連帯すること、デモなどの「美しさ」には、安吾ならば躊躇《ためら》う何かが宿っています。「私は、だいたい、ストライキという手段は、好きではない。……闘争ほど、社会の敵なる言葉はない」(『戦争論』)。「人間」とは日々、こうした攻撃性を抱えながらも、それを爆発させることなく生きている。社会を形成し生活を営んでいる、そう安吾はいっています。これは高橋氏の立場より、むしろエルドリッヂ氏のいう「人間」に近いのではないでしょうか。

人は、態度のよくない隣人や怒鳴り散らす会社の上司、家族とのあいだの対立、嫉妬や葛藤などを日々処理しながら生きているのであって、周囲の人間関係の複雑な機微のなかで、人生の糸を紡いでいる。日常性とは、呆れはてるような不断の調整の積み重ねなのです。生きることに絶対の解決方法、万能薬などありません。

人は、反権力にも、正義にも、世界平和にも、酔い痴れることができます。そこに「政治」が生まれてしまう。でも政治的熱狂だけでは、人間の幸福は実現しない。「人間」はもっと複雑な生き物、あるいは慎み深い生き物だからです。

「家庭の対立、個人の対立、これを忘れて人間の幸福を論ずるなどとは馬鹿げきった話であり、然して、政治というものは、元来こういうものなのである……政治、そして社会制度は目のあらい網であり、人間は永遠に網にかからぬ魚である」(『続堕落論』)。

人のつながりが健全であるかぎり、さまざまな問題が発生しては、絶えず調整されているものです。にもかかわらず、反原発や反基地移設、反権力にいたるまで、場当たり的に同志を糾合し、「美しすぎる」共同体を夢想しがちです。この「美しさ」が「政治」のはじまりなのだと安吾はいっている。そしてこの点を、「人間」という言葉でいささか不器用に指摘したのが、エルドリッヂ氏でした。氏を執拗に苦しめる違和感の正体は、民族感情が生みだす「政治」性だったわけです。

東北人は寡黙で忍耐強いから？

二〇一八年秋、沖縄では、翁長県政の継承をつよく訴えた玉城デニー氏が当選しました。つまり反基地、反中央政府の路線の継続がきまった。当選確実の一報をテレビでみたとき、以前に出席した討論会で筆者が受けた質問が、頭をよぎりました。二〇一四年一〇月におこなわれた福島県知事選、長野県出身で自治省出身の典型的な保守系政治家・内堀雅雄氏が、圧倒的な勝利をおさめた選挙でのことでした。

実はこれとほぼ同じ頃、翌一一月投開票の沖縄県知事選で勝利したのが、翁長雄志氏だったのです。国政に近い当時現職の仲井眞弘多氏を破っての革新系の勝利でした。時期的にきわめて近い二つの選挙結果の「分裂」について、当時、筆者はしばしば質問を受けたのです。討論の際、「なぜ沖縄では民意が反映され、新しい政治が生まれようとしているのに、福島はそうならないのか。なぜ福島県民自身が反原発の声をあげ、政治運動としてデモなどが盛り上がらないのか」と詰問されたわけです。

反基地と反原発が、当然のようにイコールで結びついている人にとって、「フクシマ」

と「オキナワ」の温度差の違いは、理解できないでしょう。沖縄はあれほど連日の報道がなされるのに、福島県知事選は粛々とおこなわれた。それはなぜなのか。おなじ課題を抱えているはずの福島と沖縄は、投票行動だけをみれば正反対なのです。

「福島は明治維新の時から保守（幕府側）につく気質があるから」とか、「東北人は寡黙で、何でも黙って耐えるから」といった話を真顔でする知識人すらいた。こうした無根拠で、ナイーヴな地方イメージを覆しておく必要があります。

著しく違う両県の地理的要因

ここでは、地政学的な事実の積み重ねによって、答えをだしたいと思います。

まずは福島と沖縄が、全国で何番目の広さの県なのか、どれほどの人が知っているでしょうか。福島は、北海道・岩手県につぐ全国三位の面積を有するのにたいし、沖縄は四七都道府県中四四位、つまり最下位にちかい面積しかない。両者の面積の差は六倍程度の差があります。

では人口はというと、二〇一八年現在、一八六万人の福島にたいし、一四四万人の沖縄と四〇万人の差しかありません。全国で福島二一位、沖縄は二五位。ほとんどちがいはないといってもよいでしょう。しかし人口密度では、福島が四〇位、沖縄は全国九位となっている。沖縄は福島に比べて圧倒的に狭い範囲に人びとが密集している事実が、これであきらかにできました。

次に、県都市部にどれくらいの人口が集住しているかの数字です。福島は福島市・郡山市・会津若松市・いわき市が中心都市で、いわき市の三四万人を筆頭に、三二万人の郡山市、二八万人の福島市、一二万人の会津若松市とつづく。県全体の人口一八六万人のうち、上位四市に一〇五万、実に五六％の人口が集中しています。

では一方の沖縄はどうなのか。那覇市・沖縄市・うるま市・宜野湾市の四市で約六八万人。人口比で四七％が集中している。福島と沖縄の中心都市上位への人口集中の度合いは、五〇％前後に収まっていて、大きな差は認められません。しかしここで大事なポイントは、人口密度は沖縄平均で六三四人なのに、一位の那覇市が八一四七人、二位の浦添市五八七五人、三位宜野湾市四九〇九人とつづいている。那覇市の人口密度は東京でいえば府中市、立川市、大阪では堺市中区と同程度であることです。

さらにもう一つ、上位にランクされている都市が、それぞれどのくらいの距離はなれているかを見ておきましょう。たとえば、いわき市と会津若松市は、インターチェンジの距離で約一二二キロ。鉄道では約一五〇キロあり、電車で三時間あまりかかります。東京駅と水戸駅までが一二一キロ、東京駅から軽井沢駅までが一四六キロといえば、その距離感を理解していただけるでしょうか。

では、那覇市中心部とそれぞれの距離はどうか。那覇市・浦添市・宜野湾市は隣接していて、ひとつだけ離れたうるま市から那覇空港までの距離も、三五キロしかありません。そもそも、沖縄本島は南北の長さは一三五キロ、東西でも二八キロ程度しかない。沖縄本島の南北が、いわき駅から会津若松駅の距離よりも短く、沖縄本島の南部四つの市がすべてふくまれて、そこに人口の五割が集中しているわけです。

福島では、大きな市が沖縄の南北よりも離れた場所に点在し、いわき市の面積だけで沖縄の半分（！）もある。そのような場所に、米軍飛行場があるのが「沖縄の真実」なのです。

フクシマに民族感情はあり得ない

二〇一四年におこなわれた福島・沖縄それぞれの県知事選挙の結果のちがいは何か。福島はなぜ保守的で、反原発のデモも起こらず、保守政党が勝ったのか。当事者意識が希薄ではないか。その答えは、単純な事実です。福島と沖縄は「ちがう」からです。

沖縄のように南部に人口が集中している地域と、福島のように都市部が広域に拡散している地域では、危機対象にたいする「臨場感」がまったくちがいます。にもかかわらず、福島県として一括りにされ、原発問題を考えるべきだと強制されてしまう。原発問題を一五〇キロ離れた場所で考えるのと、基地問題を三五キロ圏内に集住している人間が考えるのに、ちがいがあるのは当然です。

当時、筆者は、いわき市に住んでいるというと、東京の人の半数以上は「新幹線でどれくらいかかりますか?」と質問しました。もちろん、新幹線は通っていません。それくらい福島の「浜通り」は、首都圏の人びとの意識の地図から消されているわけです。東京といわき市の距離は二〇〇キロぐらい。東京で原発問題を「当事者」として考えている人は、どう考えても少数派でしょう。

現にいわき市は、福島第一原子力発電所から四〇キロ前後の距離にある。沖縄県民と似たような距離感で問題を受け止めている。いわき市周辺に福島の人口の五六%が集中していたと仮定すれば、危機意識・臨場感はさらに大きなものになったことでしょう。

こうした観察から分かるのは、福島は、実は一つの「フクシマ」ではない、という地政学的な事実です。実際、浜通り地域と会津とは、おなじ福島といっても気候も平均年収も全くちがいます。震災以前、浜通りの意識は仙台にむかっており、会津は新潟の方をむいていました。ですから、福島は壊滅するという高橋氏の主張に、筆者は驚きました。放射線の通過地域をかりに福島と呼ぶとしても、それは浜通りを大きく時計と反対周りして福島市と郡山市、つまり新幹線沿線までの地域に限られる。福島県の右半分に限定されるのです。

さらに沖縄の基地問題が、米軍基地であることを忘れてはなりません。原発問題をアメリカと絡めて考える人は、ほとんどいないでしょう。基地問題が民族感情を刺激することはあり得ても、福島ではあり得ない。中央と地方という分断しか可能性はない。ここでもまた、「フクシマ」と「オキナワ」はあきらかに「ちがう」のです。福島の壊滅を叫ぶ哲学者の言葉は、福島に暮らす筆者にとって、風評被害に加担するくらいの意味しかもたなかった。「善意が悪に転換する」とは、こういうことを意味しているのです。

弱さを自覚してこそ「人間」通

人は、自分の問題として感じられたときにのみ具体的な危機意識をもち、問題にたいして関心をもつものです。それ以外はお構いなしで、日々の生活に頭を悩ませて生きている。このきわめて平凡かつ常識的な観点からすれば、福島県民がみずからを沖縄県民とおなじ土俵にのせ、「犠牲のシステム」で結びつけるはずがありません。国家や権威を批判し、その暴力性を暴露すること。もし哲学の仕事がその程度ならば、筆者は哲学など目もくれず、「文学」の側に組しようと思います。

先にも取りあげた坂口安吾は、有名な『堕落論』の最後に、印象的な言葉を残しています。自らの思索の原点として「美」しすぎるものへの嫌悪があり、天皇制や民主主義を批判していた。その際、「人間」であることが、自己美化や自己正当化をまぬがれる処方箋だと安吾はいいました。こうした主張の先に、『堕落論』は驚くべき結論で締めくくられます。「だが人間は永遠に堕ちぬくことはできないだろう。なぜなら人間の心は苦難に対して鋼鉄の如くでは有り得ない。人間は可憐であり脆弱であり、それ故愚かなものであるが、堕ちぬくためには弱すぎる」（『堕落論』）。

あらゆる権力や秩序のウソを暴き立てることだけが、人間の営みではないのです。そうした暴力的な正義観が、善意から悪を生みだしてしまう可能性を、本当の「人間」通なら自覚している。人は「政治」に一喜一憂するくだらない生き物だし、たとえ世界平和や核兵器の廃絶、原発廃止を求めていたとしても、しばしば民族感情で人を煽り、あるいは自分が煽られて踊ってしまうものです。この弱さを自覚してこそ、「人間」通になれる。安吾はこのようにいっているのではないか。こうした人間の悲喜劇を描くのが、「文学」の使命ではないでしょうか。

安吾は「政治」を嫌い、「文学」を擁護しました。だとすれば、「フクシマ」と「オキナワ」について語る際、筆者がとるスタンスは文学者のそれ以外にはあり得ません。

被災後の生活再建のなかで、筆者がなによりも恐れたのは、煽られることでした。一例は風評被害。いわき市の大学食堂には、首都圏では売り物にならないからと大量の会津産の米が寄付され、無料で食べることができました。もちろん安全であることは確認のうえで。また大学職員のなかには、自宅が避難区域に入り各地を転々とし追い詰められた結果、東京電力に毎日苦情の電話をかけている人がいました。これら一切は悲劇です。一方で、原発作業員の宿泊拠点である市内のホテルは満室状態になり、駅前の繁華街は活気づき、日銭を稼いだ原発労働者が酒を呑んでは喧嘩をくり返し、問題だと噂になっていた。これはある意味、喜劇です。

筆者は毎朝、いわき駅前から原発作業のためにバスに乗り込む作業員をみながら出勤しました。善意や美談だけでは済まされない、現実がそこにはあった。こうしてごちゃごちゃと悲喜劇を生きていくのが「人間」なのではないか、そう思いながら傍らを通り過ぎる。この情景を丸ごとダイナミックに描くのが、文学にあたえられた役割のはずなのです。

八　「否定」という病が議論を殺す――国家像論

一四〇年近く前とおなじ「批判」の光景

福澤諭吉に、『時事小言』という著作があります。書かれたのは明治一四（一八八一）年。この書は、国会開設と民権論を主張する人たちにたいし、警戒感をあらわにしています。これは通常の啓蒙主義者・福澤のイメージからすると意外でしょう。なので、福澤自身が「自分は自由と民権を愛している、安心してほしい」と強調しています。しかし国会開設をもとめ、民権論を説いてまわる人たちが、忘れていることがある。それが国際情勢の激変と、国会開設がもつ意味なのだと福澤はいいます。民権論者は、国会開設の意味を取りちがえているというのです。

国会開設とは何か。それは「政体」の変更なのだと福澤はいいます。政体とは、政府の仕組みのことであって、独裁体制や立憲体制のことを指し、行政のあり方や議会政治の権限、さらには選挙方法など、国民の政治にたいする権限のことをいいます。たいして、もう一つ「政務」というものが存在します。これは政府の事務的内容を指すもので、徴税や徴兵の仕方、外交方針などの実務にかんするものです。この「政体」と「政務」が混同されていることに、福澤は危機感を募らせていました。

――国会開設を希望し、民権論を主張する者たちは、後者の「政務」についてばかり話している。しかし税金の徴収対象ひとつとっても、農民にとっての利益は士族の不利となる。その逆もまたしかりであって、「政務」とは、複数の利害調整のことを意味する。人の数だけ、地域の数だけ、団体の数だけ、利益はある。政府は神様ではない以上、公平性を欠くこともあれば、順番をまちがうこともある。

にもかかわらず、現在の民権論者は、ひたすら政権批判をくり返している。たとえば、警察官は本来、法を守り、法を履行すればよいのであって、法それ自体の善悪を論じる立場にはないはずだ。しかし政治演説会などでしばしば見られるのは、警察官と些細な騒動をおこすと、新聞は全面的に警官を批判し、演説者を擁護する紙面構成をする。

さらにひどいケースになると、国会開設の暁には、税金を大幅に軽減すると触れまわる者がでてくる始末。民心はこうした私利に動かされやすい。すると全国を遊説する学者や論客は、地方には何万人という同志がいる。その団結力はすごいものだと喜色満面であったりもするのだ。

つまり福澤の眼には、国会開設や民権論といえば、すぐさま「政治の圧制と人民の抵抗」という対立図式で物事を考える知識人が映っていた。しかしこの思考回路は完全にまちがっている、と福澤は断定します。今、日本国内で論じるべきは「政務」ではなく、「政体」の方だからです。そしてイギリスを参考に、日本の「政体」を立憲君主制に一変すべきだと説いたのでした。福澤はしきりに、この国のかたちを論ぜよ、骨太な国家構想こそ日本人が論じるべき課題なのだといっているのです。

この主張は、福澤研究者のあいだでは「官民調和論」と呼ばれています。政府vs.民権の二項対立を福澤は徹底的に斥《しりぞ》け、国のかたちに思いをはせた。では、その理由は何だったのでしょうか。

答えは、国際環境の激変です。福澤が注目したのは、具体的な外交関係ではなく、もっと構造的な変化でした。一八〇〇年代以降、西洋諸国に蒸気・電信が発達しはじめます。蒸気機関の発明は、すさまじい変化を世界にもたらした。アメリカに大陸横断鉄道ができたのが一八六九年のこと。太平洋に電信線を沈めて、連絡自在となるのも現実味を帯びてきました。とりわけ中国大陸に鉄道網が敷かれれば、今のままの「支那帝国」ではいられないだろう、と福澤はいいます。

「支那」は、鉄道と電信を受け入れなければ国家の独立は難しいだろう。また受け入れれば、政府は顚覆されるだろう。いずれにせよ隣国の情勢変化は避けられず、日本は、西洋諸国と「支那」という大きな外交課題を抱えている。だからこそ国内で政府権力を引きずり降ろしている暇などないのだ、と。

今から一四〇年近く前のこの言葉を、古いと一蹴できるでしょうか。むしろ恐ろしいくらい、現在の日本人に響いてこないでしょうか。鉄道や電信の急激な発達とは、「情報革命」を意味しています。これ以降、人間は、大量の情報をすみやかに伝達することが可能になり、そして情報に翻弄されるようになる。一九七〇年代のベトナム反戦運動は、悲惨な戦場のテレビ中継をぬきには考えられないでしょう。反戦運動それ自体の拡散も、マスメディアが影響していました。また近年（二〇一〇〜二〇一二年）のジャスミン革命やアラブの春革命など、ＩＴの影響なくして、あり得なかったはずです。

いっぽう現在の日本国内に眼を転じると、単純な権力vs.反権力の図式に陥っているのはいうまでもありません。福澤が一例にもちだした新聞の警察批判は、現在のマスコミの官僚批判そのものだし、また学者や論客が耳にあたりのよい正論をおしゃべりし、人気を得ている姿など、あきれるほど福澤の時代そのままです。さらに政府バッシングの内容まで一四〇年近く前とおなじ、各団体の利益調整を「政府の失政」として批判している。つまり、「政務」批判をくり返しているだけなのです。

「否定」という心情の裏側

筆者は現在の日本社会が、異常に「美しさ」を求め、「マジメ」であること、正論を吐く自分たちに酩酊していることを指摘して、本書をはじめました。官僚の不祥事から沖縄の基地問題にいたるまで、具体例に即してみてくると、改めて日本人を覆っている「否定力」の強さに驚かされます。

世の中を良くしようとすればするほど、言葉が暴力性を帯びてくる。互いに悪のレッテルを投げ合い、どんどん社会が窮屈になっている。少しでも線をはみだすことが許されない社会になっている。でも、全員が生きにくい「正しい社会」など、本末転倒ではありませんか。正義観それ自体は、理想の社会をつくる手段にすぎません。しかし今や、手段が目的化しているのです。どうしてこうなってしまったのでしょうか。

最大の原因を、筆者は「辞書的基底」の喪失だといってきました。共同体を支える価値基準が失われた状況では、一人ひとりが裸同然で社会に放りだされます。従来、こうした社会構造は、都市部に限定された特徴でした。たとえば地方よりも都市部の方が、最終学歴を重視することに注目してみましょう。学歴は、どこにでも携帯できることが重要で、流動性の高い都市部では、日々、新しい他者にでくわす可能性が高く、相手も自分も何者であるかわからないまま裸体同然で出会うことになる。そのとき、自分が何者であるかを証明する最も簡単な特徴が学歴なのです。自己の能力を説明するために身に着けた衣装というわけです。

つまり都市部の特徴とは、「流動性」と「変化」を特徴とする。何者かがわからない群集が蠢き、隣りあう社会である。新しいこと、新しい出会いがつぎつぎとおこる。これは自由であると同時に、不安定をも意味します。

かつて詩人の萩原朔太郎は、「都会生活の自由さは、人と人との間に、何の煩瑣な交渉もなく、その上にまた人人が、都会を背景にするところの、楽しい群集を形づくつて居ることである」といいました。しかし都市を自由と感じるには、将来に無限の可能性がなければならない。白紙の未来を前にして、肯定的な感情がなければなりません。当然、おなじ未来を前にして逆の感情を抱くこともあるわけで、都会に一人放りだされた自分に不安を感じることもある。何も携帯できる特徴のない「自分」が、いかに空虚な存在であるかに気づいてしまうばあいもあるのです。

そして今や、日本全体が都市化の特徴をもってしまった。世界経済のグローバル化の波に洗われ、新しさを求めて流動と変化に曝《さら》されているからです。日本人が共有する価値観は動揺・解体していった。否、動揺と変化だけが唯一の価値観になってしまった。これが「辞書的基底」の喪失であり、日本社会全体は底がぬけた状態になっています。

不安定な自己は、つねに他人との比較に心をかき乱されます。みずからを位置づける基準がなく、確固たる「ものさし」がない自己は、他人と比較しても評価が動揺をつづけます。自分は非常に優れていると思うと、たちまち誰よりも自分が劣ってみえてくる。全能感と劣等感に振り回される。善し悪しの最終根拠があいまいだから、どうとでも評価できるのです。

結果、自分の現状に満足できず、苛立ちをつよめ、自己と他者いずれへも攻撃性を高める。自己否定による自己確認、あるいは他人を引きずり下ろすことでしか自己確認ができないのです。「マジメ」で「美しい」社会をもとめる心情の背景には、自己正当化を過剰に追求する攻撃性があった。昨今のマスコミを支配する異様な「否定力」は、こうした背景によるものです。日本人の心は、焼けただれているのです。

この象徴的な事例こそ、第一章で取りあげた官僚の性的不祥事です。秩序が瓦解した社会には、人間の最も赤裸々な部分が露出してくる。暴力と性こそが人間そのものだと主張して、のさばるようになる。日本人の興味は、今、暴力と性に集中してしまっている。倫理や道徳といった価値観は、どうせ偽物だと嘲笑されているのです。

たしかに、先に取りあげた坂口安吾風にいえば、市井の人びとは、硬直化した「政治的課題」になど興味を示さない。日々の生活実感に根ざした「常識」をもつ市井の人は、過剰な「マジメ」さや、政治イデオロギーに眼を血走らせる政治好きとは無縁の人たちです。筆者自身も、彼らの「常識」がもつ無言の力をずいぶんと信頼してきたし、手放してはいけないと主張しつづけてきました。しかし昨今の日本では、市井の人びとまでが「否定力」の虜になりつつある。本気で他者批判をくり返し、精神的余裕を失って「マジメ」になりつつある。

この心情を考える際に参考になるのが、ジョージ・オーウェルの評論です。彼は一九〇三年、イギリスの比較的恵まれた家庭に生まれながら放浪生活を送り、スペイン内戦に参加し、『カタロニア讃歌』『一九八四年』などの作品を残しました。一九五〇年に結核で死去するまでの短い人生で、二度の世界大戦を経験しました。そのオーウェルが、短編評論「ナショナリズム覚書」の中で、「否定力」をめぐって次のようなことをいっています。

――自分は「愛国心」と「ナショナリズム」をはっきり区別すべき概念だと考えている。愛国心とは、自分を世界で一番よいものだと思いつつ、他人に強制はせず、自分の生活様式に献身しようとする心情のことだ。だから本来、愛国心は防衛的で慎ましいものである。

一方のナショナリズムは、正反対の心情である。その第一の特徴は、何より「ただ何かに反対する」という心情であり、相手を否定することだけに関心をもち、自分がより大きな勢力、より大きな威信を獲得することだけに心血を注ぐ。競争相手が少しでも褒められると、語気を強めて反論し、また自分を批判されると感情的なまでに心をかき乱される。日頃温厚な人物が痛い所を突かれると、論理的な思考を放りだし凶暴化するのが、ナショナリズムの特徴なのである。

ここで興味深いのは、オーウェルが、いびつな自己肯定と他者否定に駆られるナショナリストが、圧倒的に知識人に多いと指摘していることです。また同時に、彼らがきわめて簡単に自己を集団に埋没させてしまうともいっています。

オーウェルは、それを「転移」という言葉で説明しますが、知識人はそれぞれが正しいと思う集団に、自己を全面的に感情移入してしまう。それは自国である必要すらなく、共産主義や反ユダヤ主義、トロツキストから平和主義まで、集団・共同体であれば何でもよいというのです。そもそも、共産主義とトロツキストは敵対する立場です。オーウェルは「再転移」という言葉をつかって、正反対の立場に容易に豹変することに注意を促しています。正義の内容それ自体が気分によってコロコロ変わる。たとえば民主主義にたいする賛否については第五章でふれましたが、これなども現在の日本を分析する際に、重要な視点になるでしょう。

自分が理想視した集団に自己を埋没させ、それを絶対善だと思いこんでしまう。あとはひたすら相手陣営を打ち負かすこと、「否定」することに全力でエネルギーを注入する。敵対する相手の偶像をつくって燃やす、写真にむかって射撃する、こうした行為によって、自分たちが勝っていると「感じる」ことができれば満足なのである。事実はどうでもよい。気分が高揚していることが大事なのだ――。

オーウェル自身が断っているように、このナショナリズム定義は彼独自のものです。しかしそれにしても、共産主義と平和主義を合わせ技で批判するオーウェルは、坂口安吾の「政治」嫌いにとてもよく似ています。さらに否定的感情に駆られ、他者を引きずり降ろす快楽に耽るのが、たいがい知識人であるというのは、福澤諭吉と着眼点がまったくおなじです。明治一四年の福澤と、一九四五年のオーウェルは、場所と時代こそちがいますが、「否定と知識人」というキーワードで一致しているのです。

こうした精神のせわしなさ、余裕の喪失は現在の日本にもあてはまります。よって、民主主義や反原発、平和主義などの言葉をいくら賞揚しても、そのままでは時代への処方箋にはなりません。「辞書的基底」の喪失に傷ついた心に、これらで応急手当しても、国民共通の価値観を回復することはできない。むしろオーウェルを参照すれば、逆の効果を生みだす可能性が高い。絶対に「正しい」言葉を振り回し、暴力的になる可能性があるからです。そして知識人やマスコミが相手を徹底的にバッシングすることは、逆にテロリズムの危険性すらもたらすのです。

では、どうすればよいのでしょうか。オーウェルの処方箋は、ややあいまいです。「上に述べたようなナショナリスティックな愛憎については、われわれたいていの人間が、好むと好まざるとにかかわらず、みんな持っているのである。それが除去できるものかどうかは私にもわからないが、少なくともそれと戦うことは可能であり、それが真の意味での道徳的努力だと信じる」（七一頁、傍点原著）。

ナショナリズムの感情は誰でももっている。だがそれを自覚できるかどうかで、人は分かれる。自覚の有無は、道徳的な努力次第なのだ——このオーウェルの回答は、先の「忖度論」で半藤一利氏が語った「気骨」とおなじ程度のことしかいっていません。問題解決の糸口を、個人の道徳的心情に帰しているようでは善意で暴走する相手を説得できない。こうした啓蒙主義的発想には、限界があると筆者は思うのです。

では改めて、現在の日本で、どうすればよいのか。「謝罪と反省の国」日本に、心底ウンザリした日本人は、具体的にどうすれば硬直化した否定的心情から抜けだせるのか。ここでは具体的に世論を二分する原発問題、憲法問題について、筆者の考えを述べることにします。

矮小化する原発再稼動問題

筆者は二〇一八年一月、福井県美浜町にある「美浜原子力緊急事態支援センター」を視察しました。東京から新幹線で米原に行き、特急しらさぎ号に乗り換えて敦賀駅に到着。その後、タクシーで四〇分以上かけてセンターまで向かいました。

この施設の役割をわかりやすくいえば、「万が一の原発重大事故に備えての、特殊な消防署のようなもの」となります。複数の小型中型ロボットを所有し、操作訓練をおこない、また「遠隔操作資機材コントロール車」と呼ばれる、内部モニターでロボットや無線ヘリコプター、無線重機を操作できる特殊車を配備。放射線の影響を防ぐ特殊板で覆われていて、過酷な事故現場でも対応可能な仕様になっていました。

この施設を消防署にたとえたのは、消防隊と同様、原発事故や火災などが起きたばあい迅速に現場に駆けつけ、対応することを職務としているからです。福井県に設置されたのも、全国の原発立地地域の中間地点にあたり、重機等を発送する利便性を考慮したことによるものです。逆にいえば、何も起きなければ出場せず、事故に備えて訓練をおこなっている。この支援センターは、「必要とされない」ことが最良なのであって、日々の業務は二一名常駐するセンター職員の技量向上と、年間約二〇〇組、一九〇〇名程度の視察者を受け入れ、概要説明をすることにあると聞かされました。

日本原子力発電と日本原燃、電源開発、そして電力九社が運営主体であるこの施設誕生のはじまりは、もちろん東日本大震災です。福島第一原発の水素爆発にはじまる苛酷な事故を受けて、二〇一二年七月に電気事業関連の会社が、自主的に消防隊を組織したというわけです。

当然のことながら、なぜ福島の事故が起きる以前から、こうした準備がつくられていなかったのか、質問がなされました。設立にあたって参考にしたドイツでは一九七七年から、フランスも八〇年代にはこの手の施設ができあがっていた。にもかかわらず、日本が二〇一〇年代まで遅れたのはなぜなのか。

センター側の答えは、筆者をハッとさせるものでした。ここに日本人の思考態度の特徴が露《あら》わになっていたからです。センターの広報担当者は、「従来の電力関係者は、起きてはダメなことは『考えない』ようにしてきた。ドイツのばあい、NATOとの関係で航空機テロなども想定し、つねに『想定外』について考えてきた。しかし日本のばあいは『まずは事故を起こさない』ことを目指し、前提としてしまい、『起こらないように対策する』ことばかりに注力してきた」。その結果、実際に事故が起きるとどうしようもなくなるのだ、と。

この発言に、原発再稼働を賛成／反対の二色で染めあげるのとは全く違う、日本人の現実が刻印されていると直感しました。日本人の「マジメ」さが陥る欠点が端的に一言で指摘されていることに驚いたのです。

もし事件や事故を定義しなおすなら、それは「予想不可能なもの」となるでしょう。にもかかわらず日本人は、事故が起こらないように努力すること、イコール事故が起こらないと思い込んでしまった。努力の過程では恐らく、「でも事故が起こるとすれば……」という質問は徐々に封じられていくことになった。事故が起こらないように努力している。その傍らで、事故について云々することは許されなくなる。原発の機器を高度化すること、事故を引き起こさないように機器を精査していくこと、こうした精緻化への努力は、徐々に事故が起こること自体への想像力を奪っていったのです。

ここにマスコミによる不安の指摘が加わるとどうなるか。「事故は起きない」とくり返し強弁する状態に陥ります。つまり、原発問題を超えた日本人特有の思考態度が露呈する。「準備は完ぺきだ。だから事件事故は起きない」。そこで思考が停止するのです。不安に押しつぶされるように過剰批判をくり返すマスコミ側と、事故の可能性に眼をつむる原発対策を講じる側とがおなじ誤謬に陥っている。現実に、言葉で蓋をしてしまうからです。「美しい」言葉を叫ぶだけで、両者は不安と想定外の事態を直視しようとしない。「マジメ」に正義を騙《かた》っているだけなのです。

たとえば、海外に派遣されている自衛隊についても同じことが起きています。自衛隊の活動地域が戦闘地域なのかどうかが、書類上の文章や地図の上でだけ議論される。そして政府は「戦闘地域ではない」「武器は使用していない」と強弁する。論理のうえでは、戦闘はあってはならないからです。理論上起きてはならないことが、現実では起きないことにすり替わる。ここでもまた、思考停止に陥るわけです。

しかし事件であれ事故であれ、それは「予想不可能」が定義です。起きることを想定せねばならない。言葉のうえで「可能性がある」ことを認めなければ、柔軟な思考を封じられてしまいます。よって原発事故にかんしてはどれだけ対策を練るにしても、事故が「起きないようにする」のではなく、「それでも起きたばあい、どう対応するか」、止血方法を議論しておかねばならない。自衛隊の海外派遣であれば、どれだけ野党から批判罵倒されてでも、「戦闘可能性と隣り合わせの危険地域である」と認めて議論をおこなう必要があるのです。

この提案は、すぐさま原発反対論者あるいは野党から、批判を浴びることでしょう。やっぱり事故は起きるではないか！　と絶叫されるはずです。しかし、もし原発を稼働するのであれば、事故対策責任者の側は、想定外の事故は起きるのだと素直に認めたうえで、その対策をおこなう必要があったのです。

さらに、原発問題は、もっと視野を広げて考えねばなりません。電力は国の基幹産業であり、日本人の生活スタイルを支える基礎をなしている以上、原発の有無を論じることは、国家像を論じることと同じなのです。大袈裟ではなく、私たちの生き方とは何か、価値観や文明観を問い直すような問題なのです。

第二章「情報化社会論」で、経済成長を目指す日本は、現在、「消費社会化」している事実を指摘しました。夥《おびただ》しい情報とイメージ操作によって、日本人は消費欲望を喚起されつづけている。この人間像が、消費社会＝現代社会です。

つまり、日本人の価値を支えているのは、「新しさ」でした。新しいということイコール善であり、価値なのであって、生を営む際の基準の座にすわっている。結果、日本人は新規性を追いかけ「つづける」不安定性を、アイデンティティにしてしまったのです。この生活スタイルを電気の大量使用が支えているのはいうまでもありません。

脱原発を主張することは、本来、こうした価値観・人間観への挑戦でなければならない。原発再稼働批判とは、消費社会化した日本に疑問をつきつけ、戦後日本を支配してきた生き方や価値観を見直すことなのであって、きわめて大きな国家像の転換、「戦後日本の超克」を意味しています。しかし一部の人は、素朴な正義観に駆られて、原発停止を「目標」にしてしまっている。本来、手段にすぎないものを、目的にまで祭り上げている。行動の背後に政府批判が張り付いていれば、さらに事態は悪化し、「新しさ」以外に模索すべき日本人の価値観をめぐる問題を、現政権批判にまで矮小化しているのです。

批判ばかりが先行し、そこから次の価値観や国家像をつくろうとしない。懐疑と破壊だけに堕することを、たとえば坂口安吾は避けていた。安吾は、単に「堕落」すること、つまり懐疑と破壊だけを主張してはいなかったはずだ。人間はなお、自分なりの「天皇」や「武士道」を、つまりは価値観や国家観を求めるのだといっていたのです。

脱原発が突きつけた価値観への問いかけは、経済成長路線によって忘れられています。再び日本人は、「新しさ」を過剰追求する社会へと呑み込まれ、安吾の「堕落」の真意を忘れてしまっているのです。

憲法改正問題で「議論」は成立するか

時代を覆う不安定な気分は、国家を担う政治家にまで蔓延しています。第四次安倍内閣（改造）で、文部科学大臣に就任した柴山昌彦氏が、記者会見で教育勅語に好意的な発言をしました。背景には二〇一七年、政府が憲法や教育基本法などに反しない形で、教材として使用することを認めたこと、安倍首相との癒着を批判された森友学園が運営する幼稚園で、実際、勅語の暗誦がおこなわれていた経緯があると思われます。当然、大半の新聞は批判の論陣を張ったのですが、そのどれもが「戦前回帰」の一点張りで、全く問題の本質を突いているとは思えません。

筆者から見て問題なのは、「教育勅語」という言葉をあまりにも軽々しくつかう、政治家の感覚にあります。本気で勅語を復活させようとしているとは、とても思えない。失言を指摘されてすぐに前言撤回するくらいなら、言及しなければいいのに口にだしてしまう。この政治家の二転三転する姿勢そのものが、時代を象徴しています。教育勅語に言及するということは、子供たちに道徳観の軸をあたえたいからでしょう。しかし、道徳観・価値観の基準をめぐる発言が、失言のレベルに終始し、思いつきのように出し入れ自由な状態こそ、「辞書的基底」の不在を示しています。

そもそも、勅語の成立の経緯は複雑なものでした。勅語作成のきっかけは、明治二三

（一八九〇）年に地方長官会議が「徳育涵養《かんよう》」を建議したことにはじまります。若者たちが政治的熱狂にほだされ騒ぐのはよろしくない、これは社会から道徳や倫理が失われたからだという不安が、建議につながったのです。作成を命じられた当時の法制局長官の井上毅《こわし》は、「立憲体制を守る」「国民の内面の自由を確保する」という二点を重視し、作成を開始します。井上は明治憲法制定にも深くかかわっていたことから、教育勅語が憲法に反しないよう心を砕いていたのです。

当時、彼には仮想敵が二人いました。一人は文部大臣から命じられて、最初の原案をつくった中村正直。クリスチャンの中村がつくった原案は、宗教的な色彩が強いものでした。もう一人が、枢密顧問官だった儒学者の元田永孚《もとだながざね》で、儒学的な思想を教育勅語に盛り込もうとした。井上は、勅語が人びとの心の自由を奪わないよう、二人に対抗しつつ作成を進めていったのです。

では、こうした教育勅語成立をめぐる経緯が、現代にあたえる示唆とは何でしょうか。それはどちらの時代も、確かな価値観や倫理規範がなくなった、少なくともそういう認識が漠然と社会を覆っていた点にあります。明治維新で従来の価値基準を破壊してから二〇年が経っても、社会は安定しなかった。政治青年たちが粗暴な言動をくり返していた。その不安から、ある種の危機感に基づいて、地方の声として勅語要求がでてきたのです。

現在の日本で、勅語肯定の発言が政治家のあいだででたり消えたりしている背景にも、同様の危機感があるのでしょう。戦前回帰などしたいからではなく、社会の安定性が崩壊しかけているという不安が明治二〇年代の勅語復活へと回帰させているのです。

筆者は、思いつきと失言の定番にまで堕した教育勅語を復活させようとしても、意味がないと考えています。覚悟を欠いた発言それ自体が、勅語の可能性と意義を解体してしまったからです。だが問題は残る。つまり安定的な価値基準を見失った社会をどうすべきかという課題が残るのです。

筆者の考える処方箋は、憲法です。憲法改正をめぐって、これから始まる「議論の仕方」に注視する必要がある。最も恐れるのは（そして可能性が高いのは）、憲法改正問題が九条にのみ集中し、賛成／反対の大合唱に陥ることです。自衛隊を憲法に軍隊として明記するかどうかをめぐって、「議論」が集中する。戦前回帰だと絶叫する左派と、改憲を悲願とする右派が「激論」を戦わせる。カギ括弧をつけたことから分かるように、筆者はこれらを議論として認めていません。みずからの気分がいくら高揚しようとも、賛成／反対の二項対立に陥っている限り、それは議論とは絶対に呼べません。

九条に自衛隊を軍隊として明記する意義は、「戦前回帰」とは全く関係ありません。最高法規に自衛隊の名を刻むことの意義は、自衛隊に忠誠心とプライドをあたえられるかどうかなのです。第一章で触れたように、暴力を司る軍隊組織を政府が手中に収められているのは、国家への忠誠心があるからです。政府から離反した反乱軍がクーデターに成功すれば、反乱軍は新正規軍として軍政を布《し》くことができる。つまり軍隊を最終的に支えているのは、国家があたえる名誉、プライドなのです。

日本国憲法に自衛隊を明記するとは、自衛隊に軍隊としての最終根拠をあたえることに他なりません。何のために尽くし、何のために命の危機を受け入れるのか、その最終的な意義を付与するために、九条改正はおこなわれねばならない。これが改正の本来の趣旨であり、プライドをあたえることができないならば、九条を改正することに意味などない。むしろ、危険でさえあります。

「戦前回帰」云々で口角泡を飛ばし、「議論」しているくらいなら、軍隊の暴発を防ぎ、忠誠心と使命感をあたえる方法を議論すべきです。こうして自衛隊の存在意義をめぐる「辞書的基底」は、戦後はじめて、安定性を取り戻すことができるのです。

そして自衛隊だけではない、日本人自身が憲法とは何かを考える絶好の機会が、憲法改正論議として、まもなくやってきます。とりわけ興味深いのは、かつて日本国憲法を公布する際、ときの首相・吉田茂がアメリカ側を説き伏せてまで一一月三日の公布に拘《こだわ》った事実です。

一一月三日は明治節、つまり明治天皇の誕生日にあたっていました。この日に日本国憲法の公布をおこなったのは、明治天皇から戦後日本への「連続性」を意識していたからにほかなりません。さらに終戦直後の昭和二一年一月一日、いわゆる人間宣言として名高い昭和天皇の「新日本建設に関する詔書」がだされました。ここでもまた強調されているのは、戦後復興が、明治以来の歴史とともにあるという事実です。

茲《ここ》ニ新年ヲ迎フ。顧《かえり》ミレバ明治天皇明治ノ初国是《はじめこくぜ》トシテ五箇条ノ御誓文《ごせいもん》ヲ下シ給ヘリ。曰《いわ》ク、

一、広ク会議ヲ興《おこ》シ万機《ばんき》公論《こうろん》ニ決スベシ

一、上下心ヲ一ニシテ盛ニ経綸《けいりん》ヲ行フベシ

一、官武一途庶民ニ至ル迄各《おのおの》其《その》志《こころざし》ヲ遂ゲ人心ヲシテ倦《う》マザラシメンコトヲ要ス

一、旧来ノ陋習《ろうしゅう》ヲ破リ天地ノ公道ニ基クベシ

一、智識ヲ世界ニ求メ大ニ皇基《こうき》ヲ振起《しんき》スベシ

叡旨《えいし》公明正大、又何ヲカ加ヘン。朕ハ茲ニ誓ヲ新《あらた》ニシテ国運ヲ開カント欲ス。須《すべか》ラク此ノ御趣旨ニ則《のっと》リ、旧来ノ陋習ヲ去リ、民意ヲ暢達《ちょうたつ》シ、官民挙ゲテ平和主義ニ徹シ、教養豊カニ文化ヲ築キ、以テ民生ノ向上ヲ図リ、新日本ヲ建設スベシ。

「新日本」の建設は、五箇条の御誓文の精神を引き継ぐ営みだと、昭和天皇はいいました。五箇条の御誓文が出されたのは慶應四年、すなわち明治元年にあたる年です。いまだ戊辰戦争の渦中にあった国内の、価値観の激しいゆらぎを受けて、御誓文は、明治日本の基軸を定めるためにだされました。現在どころではない価値観の瓦解を受けて、示されたものだったのです。

明治憲法に先立つ、近代日本最初の憲法（穂積八束）とも呼ばれた御誓文は、①民主主義を重視し、②国民全体が政治経済にかかわり、③国民全体の一致協力のもと、④封建制度を改めて普遍的な価値を求めるために、⑤貪欲に世界に知識を求め、国家の繁栄を願う、という趣旨が描かれています。だとすれば、日本国憲法の背景には、明治初年

の五つの誓いが、残響のように聞こえて来る。ここには自然と、私たちが明治以来の伝統のなかを呼吸し生きているのだという感覚が、かすかな響きを伝えているではないか。

本気で取り戻す気のない教育勅語礼賛をおこなうくらいなら、政治家は何もいわない方がましである。むしろ眼の前にある日本国憲法の奥から響いてくる声に耳を澄ませ、戦前との連続性を確認する。こうした静かな営みこそが、確かな歴史観を取り戻してくれるにちがいない。「新しさ」に一喜一憂する現状を逃れ、日本人の「辞書的基底」を確実なものにする精神の軸を取り戻せるからです。

たとえわずかであろうとも、憲法改正をめぐる喧騒の只中《ただなか》で、歴史の厚みに心寄せる日本人がでてくることを、筆者は願ってやみません。

あとがき――歎息の時代に

かつて、詩人の萩原朔太郎は次のようなことをいいました。

――明治時代は、時代全体が青春だった。富国強兵という目標のために、「国民」は一致団結して邁進し、脇目もふらずに働いた。そこでは詩人は、一〇代で後世に遺る詩を書くことができ、夭折することで完結することができた。しかし昭和一〇年代の詩人に、それは不可能である。自分たちは様々な生活苦を舐め、若々しさを喪失した後に、深く皺の入った顔で詩を書くしかないのだ。つまり青春は禁止されていて、人生を謳歌することも、瑞々《みずみず》しいままの夭折も叶わず、苦悩を抒情することからしか詩はつくれないのだ、と。

朔太郎はさらに、明治時代を古典主義の時代、昭和の彼らをロマン主義の時代だとしました。ゲーテは古典主義は健全であり、ロマン主義は全て不健全の産物だといいましたが、朔太郎は自らの時代を、不健康であると宣言している。人びとはバラバラなまま、孤独に膝を抱えていて、青春を賭けるべき何かなど一切存在しないニヒリズムを生きざるを得ないのだという。

平成最後の私たちにとって、朔太郎の嘆きの方が親しいことはいうまでもありません。「失われた三〇年」とは、青春時代を回顧した中年の溜息に他ならないからです。その意味で、私たちの時代はロマン主義の時代であり、謳歌より歎息の時代であるといえるでしょう。

時代全体が屈折した現在では、伸びやかな思考は難しい。結果、他者を否定し、溜飲をさげる雰囲気が、日本全体を雨雲のように覆いつくしている。これをどうにかできないものか――これが本書を書いた理由でした。

すぐさま気の利いた処方箋を提示することはできません。でも現在では、若者たちの「新しい」発想が次々と喧伝されているではないか。先崎はこうした躍動に眼を塞ぎ、何一つ「行動」せず、わけしり顔で古典を繙《ひもと》いて歎息ばかりついているのではないのか。

その通りだと思います。成熟し、腐臭を放っている時代だからこそ、若者の「新しさ」は待望されており、筆者自身、「若手知識人」のひとりとして三〇代で論壇にださせてもらいました。しかし、萩原朔太郎が夭折できない詩人たちと呼んだのも、三〇代のことでした。つまり現在の若手とは、朔太郎にいわせれば、瑞々しさを失った世代にあたるのです。こうした時代に、筆者は劣勢に立たされているのでしょう。「新しさ」に飛びつくべきだ、たとえ本当に新しくなどなくても、腐臭した現状には華々しさが必要なのだ。こう筆者は批判されるのでしょう。

しかし「辞書的基底」なき時代、何一つ確実なものがない時代、足元が揺らいでいる時代に、さらなる変化と変革、上に向かってばかり手を伸ばすことに筆者は反対です。足元はさらに瓦解し、崩落するかもしれないから。むしろ手元に残った「かけがえのないもの」を確認することから、はじめるべきではないのか。変えるためには、何を変えない方がよいのかを、確認すべきではないのか。「漸進主義的改革」という保守派がよく使う陳腐な主張は、実は、この観点から見直されなければ何の意味もないのです。

本書は、現代社会の闇をバッシングの氾濫と「辞書的基底」の喪失だと定義し、そのうえで時代分析を試みました。時代を論じても、さして意味はないようにも見えるが、化け物はその正体を「名指し」すると、ドロンと煙を吐いて逃げていく。本書が化け物の正体を暴いたとはいわないが、そうしようと試みたことだけは事実です。

前著『違和感の正体』にひき続き、阿部正孝氏の助言によって一冊の時事論ができあがりました。時事論で後世に残った作品は、数多い。「平和論に対する疑問」(福田恆存)、「『ごっこ』の世界が終ったとき」(江藤淳)などがそれです。これら作品に共通しているのは、極私的な苦悩を、時代情勢を論じる際の尽きない養分にしている点である。不浄に見える泥から、蓮《はす》の花は咲く。言葉もまた同じなのです。

筆者もまた、その列に並びたいと思う。それが、新潮新書で時事論を書き続ける原動力となっている。

新元号「令和」が発表された日に

先崎彰容

先崎彰容　1975年東京都生まれ。日本大学教授。東京大学文学部卒。東北大学大学院で日本思想史を専攻。文学博士。著書に『ナショナリズムの復権』『違和感の正体』『未完の西郷隆盛』などがある。

Ⓢ新潮新書

816

バッシング論《ろん》

著　者　先崎彰容《せんざきあきなか》

2019年6月20日　発行

発行者　佐　藤　隆　信

発行所　株式会社新潮社

〒162-8711　東京都新宿区矢来町71番地
編集部(03)3266-5430　読者係(03)3266-5111
https://www.shinchosha.co.jp

印刷所　株式会社光邦

製本所　加藤製本株式会社

ISBN978-4-10-610816-7　C0236

Ⓢ新潮新書

667
違和感の正体
先崎彰容

国会前デモ、絶対平和、反知性主義批判、安心・安全——メディアや知識人が語る「正義」はなぜ浅はかなのか。考えるより先に、騒々しいほど「処方箋を焦る社会」へ、憂国の論考！

760
素顔の西郷隆盛
磯田道史

今から百五十年前、この国のかたちを一変させた西郷隆盛とは、いったい何者か。後代の神格化を離れて「大西郷」の素顔を活写、その意外な人間像と維新史を浮き彫りにする。

774
死と生
佐伯啓思

「死」とは何か。なぜ、怖いのか。死ねば、どこへゆくのか。先人や宗教の死生観とは何か……稀代の思想家が人間究極の謎に迫り、超高齢化社会で静かに死ぬための心構えを示す。

785
米韓同盟消滅
鈴置高史

北朝鮮に宥和的な韓国の本音は「南北共同の核保有」に他ならない。米韓同盟は消滅し、韓国はやがて「中国の属国」になる——。朝鮮半島「先読みのプロ」が描く冷徹な現実。

788
決定版　日中戦争
波多野澄雄　戸部良一
松元崇　庄司潤一郎
川島真

誰も長期化を予想せず「なんとなく」始まった戦争が、なぜ「ずるずると」日本を泥沼に引き込んでしまったのか——。現代最高の歴史家たちが最新の知見に基づいて記した決定版。

Ⓢ新潮新書

793
国家と教養
藤原正彦

教養の歴史を概観し、その効用と限界を明らかにしつつ、数学者らしい独自の視点で「現代に相応しい教養」のあり方を提言する。大ベストセラー『国家の品格』著者による独創的文化論。

794
「あの世」と「この世」のあいだ
たましいのふるさとを探して
谷川ゆに

近代合理主義と科学の呪縛をはなれ、琉球弧の島々から北海道まで、その土地と人と自然の中に宿る神々や死者を想い、古代から現代へと連なるたましいの水脈を探す。

797
リベラルを潰せ
世界を覆う保守ネットワークの正体
金子夏樹

リベラリズムの世界的浸透に、保守の反撃が始まった。キリスト教右派による「世界家族会議」とは？　驚異のネットワークの源泉、思想、資金源は？　緻密な取材で世界の断層を描く。

799
もっと言ってはいけない
橘　玲

「日本人の3分の1は日本語が読めない」「人種と知能の相関」「幸福を感じられない訳」……人気作家が明かす、残酷な人間社会のタブー。あのベストセラーがパワーアップして帰還！

800
「承認欲求」の呪縛
太田　肇

SNSでは「いいね！」を渇望し、仕事では「がんばらねば」と力み、心身を蝕《むしば》む人がいる。悪因と化す承認欲求を第一人者が徹底解剖し、人間関係や成果を向上させる画期的方法を示す。